Halbe Wahrheiten

Douwe Draaisma

Halbe Wahrheiten

Vom seltsamen
Eigenleben
unserer Erinnerungen

Aus dem Niederländischen
von Verena Kiefer

Galiani Berlin

MIX
Papier aus verantwor-
tungsvollen Quellen
FSC® C083411

Verlag Kiepenheuer & Witsch, FSC® N001512

1. Auflage 2016

Titel der Originalausgabe:
Als mijn geheugen me niet bedriegt
© Historische Uitgiverij, Groningen, Niederlande
All rights reserved
Aus dem Niederländischen von Verena Kiefer
Verlag Galiani Berlin
© 2016, für die deutsche Ausgabe,
Verlag Kiepenheuer & Witsch GmbH & Co. KG, Köln

Umschlaggestaltung Manja Hellpap und Lisa Neuhalfen, Berlin
Umschlagmotiv © Getty Images / Chris Clor
Autorenfoto © Sake Elzinga
Lektorat Esther Kormann und Magdalena Sporkmann
Gesetzt aus der Mrs Eaves XL Serif von Zuzana Licko
Satz Buch-Werkstatt GmbH, Bad Aibling
Druck und Bindung CPI books GmbH, Leck
ISBN 978-3-86971-134-8

Weitere Informationen zu unserem Programm finden Sie unter
www.galiani.de

Inhalt

Vorwort

*»Was in der Jugend geschah, ist häufig die Folge
von etwas, das sich im späteren Leben ereignete.«*
Marten Toonder

Viel braucht es nicht, um Erinnerungen zu verändern.
Manchmal reicht es schon, sie jemandem noch einmal
zu erzählen.

In einer meiner frühesten Erinnerungen kommt
meine Mutter in den Kindergarten, weil sie etwas mit
der Erzieherin besprechen möchte. Die anderen Kinder sind schon nach Hause gegangen. Ich sitze neben der Kindergärtnerin auf der untersten Stufe der
Treppe zum Spielplatz. Sie legt mir einen Arm um die
Schultern, zieht mich kurz an sich und sagt zu meiner
Mutter, sie würde mich gern noch ein Jährchen länger
behalten.

Mehr als dieser Fetzen war es nicht. Ich hatte diese
Erinnerung nie jemandem erzählt. Es gab keinen An-
lass. Erst als ich um die dreißig war, kam das Gespräch
einmal auf Kinder, die ein Jahr länger im Kindergarten blieben, und ich begann zu erzählen, auch ich sei
ein Jahr länger geblieben, weil mich die Kindergärtnerin ...

Da geriet meine Geschichte ins Stocken.

Da erst, während ich das erzählte, überlegte ich mit Schrecken: Aber das kann doch gar nicht sein, dass eine Kindergärtnerin ein Kind einfach ein Jahr länger bei sich behalten kann? Mitten im Satz dämmerte mir, dass dieses zusätzliche Jahr etwas mit der Schulreife zu tun gehabt haben musste; ich bin damals offensichtlich noch nicht reif genug gewesen!

Von einem Moment zum nächsten veränderte sich etwas in der Erinnerung, wie ein Kissen, das einen Knuff bekommt, damit es die passende Form annimmt. Jetzt ist der Erinnerung eine gewisse Scham beigemischt, das peinliche Gefühl, erst so spät begriffen zu haben, dass die Kindergärtnerin überhaupt nicht der Grund für die verlängerte Kindergartenzeit war.

Dass Erinnerungen einem solchen Knuff nachgeben müssen, ist vielleicht auch ihr Kern: Was eine Erfahrung oder ein Ereignis zu bedeuten hat, ist unter die Erinnerung gemischt, und mit einer neuen Interpretation des Erlebten verändert sich zugleich etwas in der Erinnerung. Die frühere Erinnerung an das Gespräch zwischen meiner Mutter und der Kindergärtnerin ist jetzt die Erinnerung daran geworden, wie ich mich einst daran erinnert habe, eine Erinnerung an eine Erinnerung, es ist nicht mehr die unversehrte Erinnerung von damals. Darum ist das Umschreiben und Abändern von Erinnerungen *auch* eine Form des Vergessens: In ihrem ursprünglichen Erleben sind die Erinnerungen nicht mehr länger zugänglich.

Frühe Erinnerungen scheinen mit Bleistift geschrieben zu sein. Man braucht seine erste Erinnerung nur ein paarmal erzählt zu haben, um zu merken, dass sie sich in eine Geschichte zu verändern beginnt. Es ist, als käme man nicht mehr an das ursprüngliche Erleben heran, als hätte die Umsetzung in Worte etwas verschwinden lassen. Aber auch die Erinnerungen von viel später, mit Tinte verfasst, bleiben empfindsam für das, was neue Interpretationen aus ihnen machen.

Als der in den Niederlanden berühmte Schriftsteller und Zeichner Marten Toonder Mitte siebzig war, baten ihn verschiedene Verleger, doch seine Autobiografie zu schreiben. Er zögerte. Die Vorstellung hatte ihm nie behagt. Allein schon das Nachdenken darüber bereitete ihm Unbehagen. Andererseits: Sein Vater hatte seine Autobiografie auch mit fünfundsiebzig geschrieben, wurde es nicht allmählich Zeit, in dessen Fußstapfen zu treten? Der Zweifel blieb. Was ihn bisher vor allem davon abgehalten habe, schrieb er 1986 in einem Brief an einen Zeichnerkollegen, sei, dass man bei einer Autobiografie wirklich nicht wisse, wo man anfangen solle. Eine gute Autobiografie sei mehr als eine Auflistung von Erinnerungen. Was einem im Leben geschehen sei, ist so miteinander verwoben, dass das, was man am Anfang schreibt, mit dem zu tun haben muss, was man in den darauffolgenden Kapiteln schreiben will. »Die Chronologie ist futsch«, ließ er seinen Kollegen wissen, denn »was in der Jugend geschah, ist häufig die Folge von etwas, das sich im späteren Leben ereignete«.[1]

Manche Sätze verdienen ein Buch.

Dass die Erfahrungen aus der Jugend dem Menschen, der man geworden ist, einen eigenen Stempel aufgedrückt haben, ist eine einfache Wahrheit. Was uns zu diesem einen, unverwechselbaren Individuum gemacht hat, bekam Form durch Kräfte, die in der persönlichen Vergangenheit auf uns eingewirkt haben. Aber die lässige Umkehrung, die Toonder dem gab, ist ebenso wahr: *Was* diese Erfahrungen gewesen sind, was sie für einen Menschen bedeutet haben, wie sie gedeutet werden mussten, hängt manchmal auch von dem ab, was man erst später im Leben versteht oder erfährt. Spätere Ereignisse oder Erkenntnisse können mit rückwirkender Kraft etwas in der eigenen Vergangenheit verändern.

Zeit wird oft mit einem Strom assoziiert. Ob dieser Strom nun gleichmäßig fließt, wie bei der Uhrzeit, oder mal beschleunigt und dann wieder verlangsamt, wie in der psychologisch empfundenen Zeit, es ist ein Strom, der in *eine* Richtung fließt. Was in diesem Strom vorbeigetrieben ist, kommt nicht mehr zurück. Vielleicht ist die Vorstellung der Zeit als ein Strom der Grund, warum wir bei Ereignissen in unserem eigenen Leben oder in dem anderer zuallererst an die Konsequenzen und Rückwirkungen für das später Kommende denken, so wie das, was stromaufwärts geschieht, auch Folgen für das Geschehen stromabwärts hat, aber nicht umgekehrt. Im Gedächtnis existiert diese Asymmetrie nicht. Darin erstrecken sich Konsequenzen immer in beide Richtungen der Zeit, sie verrücken nicht nur etwas in der Zukunft, sondern auch in der Vergangenheit.

Das Ereignis stromabwärts, Toonders »Vorfall im späteren Alter«, kann alles Mögliche sein. Jemand kann zu hören bekommen, er werde von einem Freund, Kollegen oder Partner betrogen und dieser Betrug dauere schon einige Jahre an. Das wird seine Erinnerungen an diese Zeit unsanft durchrütteln. In Missbrauchsfällen realisiert das Opfer manchmal erst im viel höheren Alter, was es in der Jugend wirklich erlitten hat. Was es als Kind bloß seltsam oder unverständlich fand, kann sich durch spätere Erkenntnisse in eine Erfahrung verwandeln, die noch nachträglich einen traumatisierenden Effekt hat. Menschen, die eine unsichere Jugend gehabt haben, können die Erinnerungen daran oft gerade dann am schwierigsten ertragen, wenn ihre Kinder in das Alter kommen, in dem sie selbst damals waren. Das zeigt ihnen eine neue Version ihrer eigenen Jugend, noch dunkler als die, mit der sie aufgewachsen sind. In all diesen Situationen kommt die Vergangenheit sozusagen hinterrücks wieder in Bewegung. Das neue Wissen führt dazu, dass eine ganze Serie von Erinnerungen ihre Gestalt verändert, und das kann über Jahre andauern.

In *Halbe Wahrheiten* geht es darum, was dieses Neuschreiben und Bearbeiten für die Zuverlässigkeit von Erinnerungen bedeutet – und vor allem: ob es überhaupt um die Zuverlässigkeit von Erinnerungen gehen kann. Die einzelnen Kapitel zeigen, dass sich in der Vergangenheit Registriertes und Gespeichertes nicht nur durch normales Vergessen verändert – durch das Verwischen von Spuren, das Zuwachsen von Pfaden, das Verschicken von Rinnsalen –, sondern auch durch Erfahrungen im späteren Leben, die unseren Erinnerungen eine neue Bedeutung geben. Wenn es um unser Gedächtnis geht, sind die Begriffe Wahrheit und Lüge nicht sehr hilfreich: Erinnerungen können sich in unterschiedlichen Momenten im Leben widersprechen, ohne dass eine von ihnen unwahr zu sein braucht.

Manchmal weist ein DNA-Test nach, dass jemand einen anderen biologischen Vater hat, als er oder sie immer dachte, oder dass eines der Kinder von einem anderen gezeugt wurde. Das ist ein Ergebnis, das einem Menschen eine andere Lebensgeschichte geben kann. Wenn die Vermutung vor dem Test besteht, wie es oft der Fall ist, kann sich die persönliche Vergangenheit vorübergehend in verschiedene Versionen der Lebensgeschichte aufteilen, jeweils mit eigenen Erinnerungen und Interpretationen von Erinnerungen. Dass die Vergangenheit die Summe der Erinnerungen eines Menschen ist – auf den ersten Blick eine überzeugende Auffassung –, stimmt aber nicht.

Im Herbst 1995 musste sich der amerikanische Sozialarbeiter David Kaczynski der Wahrheit stellen, dass sein Bruder Ted der lang gesuchte »Unabomber« war, der in einer Terrorserie mit Briefbomben drei Menschen zu Tode gebracht und über zwanzig schwer verletzt hatte. Davids Erinnerungen – und die der Mutter Wanda – an ihre Vergangenheit mit Ted waren eine wichtige Informationsquelle für die forensischen Psychiater, die ihn begutachten sollten. Aber welchen Ein-

fluss hatte das Wissen, dass er diese Verbrechen begangen hatte, auf ihre Erinnerungen an ihn? Was richtete
das Bewusstsein, der Bruder oder die Mutter eines Se-
rienmörders zu sein, in ihrem Gedächtnis an? *Gab* es
überhaupt noch in ihrer ursprünglichen Form zugäng-
liche Erinnerungen?

Die spätere Erkenntnis muss nicht immer eine dramatische Wirkung haben. Als ich nach rund vierzig
Jahren die biblische Geschichte von Josef noch einmal
las, stellte sich heraus, dass nicht mehr das zu lesen
war, was früher dort stand. Erneutes Lesen kann einen
solchen Effekt haben. Gerade weil der Text nicht verändert ist, verdeutlichen die Unterschiede zwischen
dem erneut Gelesenen und dem, was dort laut Erinnerung stand, dem Leser etwas über die eigene Person.
Sie konfrontieren ihn mit dem Menschen, der er einmal war und den er jetzt – mit der Distanz der dazwischenliegenden Jahre – sehen kann.

Der »Reminiszenzeffekt«, die Rückkehr von Erinnerungen an die Zeit, in der man seine formenden
Jahre erlebte, kann diesem Teil des Lebens mit rückwirkender Kraft einen Wert geben, dessen man sich
in dem Moment gar nicht bewusst war. Jetzt erst sieht
man, was eine Begegnung, ein Gespräch, ein Buch für
das weitere Leben bedeutet haben und man erlebt
die Erinnerungen daran anders. Die nervenzehrende
Geschichte der Gruppe *Cream,* gegründet 1966, konfliktreich aufgelöst 1968, wiedervereinigt 2005 und innerhalb eines halben Jahres erneut konfliktreich aufgelöst, ist zugleich eine Geschichte der Diskrepanzen

zwischen den Erinnerungen der Bandmitglieder und einer Demonstration der Tatsache, dass dieselben Reminiszenzen, die die Erinnerung an früher wieder in die Gegenwart befördern, Menschen auch in alten Mustern, Rollen und Beziehungen gefangen halten können.

Die radikalste Art, wie ein Ereignis in der Gegenwart einem Menschen mit rückwirkender Kraft eine andere Vergangenheit geben kann, ist der Einsatz einer »Vergessenspille«. Experimente mit dem Stoff Propranolol, einem Betablocker, haben gezeigt, dass dessen Verabreichung nach einem traumatisierenden Ereignis wie Misshandlung oder Vergewaltigung eine dämpfende Wirkung auf die emotionalen Aspekte der Erinnerung hat. Zukünftig könnten mit Vergessenspillen oder anderen pharmakologischen Interventionen Erinnerungen gezielt gelöscht werden. Als Gedankenexperiment präsentiert sich schon jetzt die Frage: Wenn es eine Vergessenstechnik gäbe, würden Sie sich ihrer bedienen? Und was sagt Ihre Antwort darüber aus, wie Sie Ihre Vergangenheit sehen, Ihre Erinnerungen, Ihre Identität?

Marten Toonder konnte 1986 noch nicht wissen, dass manche seiner liebsten Erinnerungen in seinem Leben mit schmerzhafter Gewalt in eine andere Form gebracht werden würden. Im Sommer 2000 – er war damals achtundachtzig – entstand ein Konflikt mit seinem ältesten Sohn Eiso. Er begann als sachliche Meinungsverschiedenheit, artete aber schnell in einen Streit über Loyalität aus.[2] Der Bruch erfolgte unmittelbar und heilte auch nicht mehr. In einer Serie von Gesprächen, ein paar Jahre vor seinem Tod, kam Toonder immer wieder darauf zurück.³ Er erwähnte, wie er Eiso sein Leben lang beigestanden hatte, wie er ihm eine Funktion im Unternehmen verschafft hatte, ihn finanziell in die Lage versetzt hatte, sich zu verheiraten, wie er für ein Haus gesorgt hatte. Als Eiso beschloss, sich scheiden zu lassen, und seine Familie von einem Tag auf den anderen im Stich ließ, hatte er seine Schwiegertochter und die Kinder aufgenommen. Er hatte nicht nur die schulische Ausbildung der Kinder bezahlt, sondern auch die Alimente auf seine Rechnung gesetzt. Die Auflistung war lang, detailliert und verbittert. Aber was ihn am meisten erschütterte, war, dass ihre geteilten Erinnerungen, auch die guten, an Regelungen, die seinerzeit mit gegenseitiger Zustimmung vereinbart worden waren und die Eiso dankbar angenommen hatte, im Nachhinein eine andere Bedeutung bekamen. Dass er Eiso eine Stelle angeboten und eine Hochzeit ermöglicht hatte, war zu einem Vorwurf geworden. Im Rückblick fand Eiso, dass sein Vater dies zu früh getan und so seine Hochzeit mehr oder weniger erzwungen hatte. Für Toonder war die Erinnerung an seine Hilfe durch die Lesart, die Eiso ihr nun gab, dauerhaft angekratzt: »Die ganze Geschichte wurmt mich ungeheuer! Es ist sehr merkwürdig, dass er erst jetzt, so viele Jahre danach, damit herausrückt. Und vor allem, weil ich dachte, ihm damit einen Gefallen zu tun.«⁴

Sehr merkwürdig?

Es ist, als könne Toonder selbst nicht glauben, dass etwas, das in der Jugend geschah, häufig die Folge von etwas ist, das sich im späteren Leben ereignete.

Ist Ihre Vergangenheit die Summe Ihrer Erinnerungen?

Der Bildschirm wird schwarz. Ein Unheil verkündender Ton setzt ein und drei Zeilen schieben sich ins Bild: »Eins von zehn Kindern hat eigentlich einen anderen Vater oder eine andere Mutter«.

Während der ersten Staffeln war dies der übliche Auftakt zu *DNA unbekannt,* einer niederländischen Fernsehsendung, die Menschen helfen sollte, »einem Leben voller Unklarheiten und Leugnungen ein für alle Mal ein Ende zu bereiten«, wie es die dazugehörige Website beschrieb.[1] Zuschauer konnten sich dort melden, wenn sie Zweifel an ihrer Herkunft hegten oder sich nicht sicher waren, ob ihr Kind wirklich ihr Kind war. Während der acht Staffeln haben jeweils etwa anderthalb Millionen Menschen pro Folge den Fernseher eingeschaltet, um zu erfahren, was der DNA-Test ergab. In rund drei Viertel aller Fälle ging es um Kinder, denen Zweifel über ihren biologischen Vater gekommen waren. Ebenso wurden aber auch Fälle vorgestellt, bei denen sich jemand seiner Vaterschaft nicht sicher war. Oder es meldete sich eine Frau, die in einer katholischen Familie aufgewachsen war und sich fragte, ob ihre fünfzehn Jahre ältere und inzwischen verstorbene Schwester in Wirklichkeit ihre Mutter war.

Der Ablauf der Sendung war immer gleich. Nach einem kurzen einleitenden Gespräch in Wohnzimmeratmosphäre – ein Sessel, ein Sofa – fragt die Moderatorin Caroline Tensen: »Wollen wir uns vielleicht erst einmal Ihre Geschichte anschauen?« Diese Geschichte hat immer zwei Teile. Der erste erzählt die Geschichte, mit der das Kind aufgewachsen ist: Es hat immer geglaubt, der Vater, der es großgezogen hat, sei sein leiblicher Vater oder die ältere Schwester sei wirklich die Schwester. Der zweite Teil erzählt von aufkommenden Zweifeln: Das Kind – inzwischen mittleren Alters und in manchen Fällen bereits sechzig oder älter – ist unsicher, ob seine Herkunft stimmt: Manchmal verursacht durch Gerüchte, die in der Familie kursieren. Eine Cousine behauptet, eigentlich die Halbschwester zu sein. Beim Entrümpeln des Hauses der verstorbenen Eltern taucht ein Brief auf. Auf der Geburtsurkunde steht ein fremder Name. Auf alten Fotos ist die Mutter mit immer demselben unbekannten Mann abgelichtet. Nach einer Beerdigung sagt eine Tante, sie müsse nun erzählen, was sie so lange für sich behalten habe. Manchmal stammt der Zweifel aus dem tiefsten Inneren: Das Kind hat sich in der Familie immer schon als Außenseiter gefühlt, und es hat angefangen zu spekulieren, ob es das Kind eines anderen Vaters sei. Wieder andere fühlten sich in ihrer Jugend bei einem Kostgänger oder einem im Haus wohnenden Knecht wohler als bei ihrem Vater und fingen an zu glauben, dieser sei vielleicht ihr leiblicher. »Leben mit einem tief sitzenden Verwandtschaftszweifel kann viel Leid verursachen«, steht auf der Website von *DNA unbekannt,* und die Sendung zeigt, dass für die Teilnehmer viel auf dem Spiel steht, sie möchten endlich Klarheit haben.

Zeit für den DNA-Test. Szenenwechsel: Nijmegen, das Canisius-Wilhelmina-Krankenhaus. Im grellen Neonlicht der Klinik wird gefilmt, wie der Oberarm abgebunden wird und die Injektionsnadel in eine Ader sticht. Röhrchen füllen sich gluckernd, Weißkittel machen sich mit Pipetten und Mikroskop an die Arbeit, auf Bildschirmen schieben sich die Strichcodes der DNA-Profile entlang. Ganz klar: Jetzt ist die Wissenschaft am Zuge.

Zurück ins Wohnzimmer. Tensen beginnt, nun wieder in angenehmem, weichem Licht, das abschließende Gespräch. Die Teilnehmer sitzen auf dem Sofa, oft mit Familienmitgliedern, die sie als moralische Stütze mitgebracht haben. Tensen fasst die Geschichte noch einmal zusammen und stellt ihre Fragen: Was erhoffen Sie sich denn eigentlich? Was würde sich in Ihrem Leben verändern, wenn sich herausstellt, dass Ihr Vater nicht Ihr wirklicher Vater ist? Wie denken Sie dann über Ihre Mutter? Die Spannung steigt. Erst wenn die Anwesenden vor lauter Nervosität fast hyperventilieren, bietet Tensen an: »Soll ich jetzt das Ergebnis holen?« Sie kommt mit einem Umschlag zurück und liest das Testergebnis vor.

Dann beginnen einige Minuten, die dieses TV-Format zu einem außergewöhnlich effektiven Gefühlsprogramm machen. Egal wie das Ergebnis ausfällt, alle Teilnehmer sind in Tränen aufgelöst. Mit der Routine einer Therapeutin reicht Tensen Papiertaschentücher herum, mit denen Frauen vorsichtig ihre Augen abtupfen und Männer sich die Nase schnäuzen, in Close-ups sehen wir, wie sich die Teilnehmer und ihre Familienmitglieder umarmen. Kaum ist das Ergebnis zu ihnen durchgedrungen, erfolgt mit erstickter Stimme ihre erste Reaktion. Also doch! Oder: Ich war so davon überzeugt; was habe ich mir da bloß eingebildet? Eine Weile wird noch weiter darüber gesprochen, eine Frau legt tröstend einen Arm um die Schultern ihrer Schwester – oder Halbschwester.

Kein Wunder, dass dieses Format funktioniert. Manchen Menschen würde man es wirklich gönnen, einen anderen Vater gehabt zu haben. Zum Beispiel, dass Bouke, der Knecht, der im Haus wohnte und immer so nett zu dem Mädchen war, sich tatsächlich als dessen Vater erweisen würde. Oder dass der distanzierte Vater im Nachhinein gesehen vielleicht gar nicht so frostig war, weil man es nicht anders verdiente, sondern weil er wusste, dass man nicht sein Kind war. Andere werden beruhigt: Die Gerüchteküche über Mutters Fremdgehen brodelte nun schon so lange, aber jetzt ist sie endlich widerlegt. Der Betroffene kann mit seinen Erinnerungen weiterleben, die sich jetzt allerdings glücklicher arrangieren. Aber es gibt auch Ergebnisse, die Menschen einen sehr harten Schlag versetzen und mit rückwirkender Kraft ihr Leben auf den Kopf stellen. In dieser rückwärts gewandten Auswirkung dessen, was man später im Leben erfährt, steckt meiner Meinung nach die eigentliche Faszination dieses Fernsehformats. Vor den Augen des Zuschauers wird ein psychologisches Experiment dargeboten, genauer gesagt, ein Gedächtnisexperiment. In jeder Folge befindet sich der Zuschauer in einer Art von Labor, in dem mit einer Annahme abgerechnet wird, die so offenkundig scheint, dass fast jeder dazu neigt, sie zu unterschreiben: Ihre Vergangenheit ist die Summe Ihrer Erinnerungen. Was sollte sie sonst sein? Doch schon die Frage der Verwandtschaft zeigt, dass dieser Gedanke zu kurz greift.

Ferdi Unkel

Weil die meisten Menschen in *DNA unbekannt* bereits älter sind, leben in ihren Geschichten die Vierziger- und Fünfzigerjahre wieder auf. Wegen der Wohnungsnot hatten viele Haushalte Kostgänger oder Untermieter. Die Väter arbeiteten hart, gingen morgens früh aus dem Haus und kamen spät zurück. Umgekehrt kamen alle möglichen Leute an die Tür: der Milchmann, der Kohlenmann, der Eiermann, der Bäcker, der Hausarzt.

War eine Tochter im Teenageralter ungewollt schwanger, wurde deren Kind oft als ihr jüngstes Brüderchen oder Schwesterchen aufgezogen. Genauso normal war es, nicht weiter darüber zu reden, schon gar nicht mit dem Kind. Warum sollte man es mit so etwas Kompliziertem belasten wie einer Schwester, die eigentlich seine Mutter ist, und Eltern, die in Wirklichkeit Oma und Opa sind? War eine Frau von einem anderen schwanger als von ihrem Mann, blieb es oft das Geheimnis der Frau allein oder zwischen den Eheleuten. Manchmal heiratete ein Mann eine Frau, die schon von einem anderen schwanger war; je weniger Leute davon wussten, desto besser. Vaterschaftstests, wenn man denn das Bedürfnis verspürte, einen machen zu lassen, waren bis zur Einführung der DNA-Untersuchungen in den Siebzigerjahren sehr fehleranfällig.

Während des Krieges waren bei vielen Familien Soldaten einquartiert. Wim Fokken war kurz vor Ende des Krieges in Middelburg geboren.[2] Auf der Anrichte zu Hause stand, solange er sich erinnern konnte, das Foto eines deutschen Offiziers, eines gewissen Ferdinand (»Ferdi«) Unkel, der bei der Familie Fokken einquartiert worden war. Wims Eltern hatten gerade erst geheiratet. Der Vater arbeitete in einem Gaswerk und war deswegen vom Arbeitseinsatz in Deutschland freigestellt. Die Mutter war viel zu Hause. Nach dem Krieg hatte sie Wim hin und wieder zu Besuchen bei der Familie Unkel in Deutschland mitgenommen. Er hatte sich nie etwas dabei gedacht. Eines Tages stehen er und seine Mutter erneut vor der Tür – es ist Unkels fünfundvierzigster Geburtstag –, als sie erfahren, dass er am Tag zuvor verstorben ist. Gemeinsam reisen sie daraufhin nach Hause. Wim fährt später allein zur Beerdigung. Als die Familie nach der Beisetzung noch ein wenig beisammensitzt, schaut sich Unkels Tochter Ingrid einige ältere Fotos ihres Vaters an und betrachtet dann Wim. Sie sagt sich:»Nein, das darf nicht wahr sein!« Sie will sich gerade einem Onkel zuwenden, um zu sagen, dass sich die zwei sehr stark ähneln, als er ihr zuvorkommt, nickt und sagt:»Das ist dein Halbbruder.« Sie teilt Wim ihre Entdeckung mit. Wieder zu Hause, bringt er das Thema so vorsichtig wie möglich bei seiner Mutter zur Sprache. Sie gerät völlig außer sich und beginnt zu weinen. Am nächsten Tag sind alle Fotos von Unkel und andere Fotos aus der Kriegszeit verschwunden. Für Wim ist das Foto auf der Anrichte zu dieser Zeit schon in einer ganz anderen Geschichte als in der einer gewöhnlichen Einquartierung gelandet. Hatte seine Mutter mit Ferdi Unkel eine Liebesbeziehung? War dieser eigentlich sein biologischer Vater? Und wer wusste davon? Sein eigener Vater auch? Wim liebte ihn sehr, er hat sich nie getraut, ihn danach zu fragen. Auch bei seiner Mutter lässt er das Thema ruhen. In Deutschland wagt auch Ingrid nicht, ihre Mutter danach zu fragen. Jahre später besucht Wim Ingrid noch einmal. Sie zeigt ihm die Fotos, die er von früher kennt, die Fotos, die seine Mutter zu Hause hatte verschwinden lassen. Ingrid hat noch andere Fotos von ihrem Vater, die eine täuschende Ähnlichkeit haben mit Fotos von Wim in etwa demselben Alter. Schau dir doch mal den Mund an, und diese Augen! Sie ist ganz sicher.

Der DNA-Test bestätigt, dass Wim Ferdi Unkels Sohn ist. Mit fünfundsechzig Jahren hat sich alles neu sortiert. Auf Geburtstagsfeiern muss ihn nicht mehr verunsichern, dass er seinen Brüdern gar nicht ähnelt. In seinem Gedächtnis steht auf der Anrichte im Wohnzimmer fortan das Foto seines Vaters und nicht mehr das eines deutschen Offiziers.

In *DNA unbekannt* wird auch deutlich, dass Leibesstrafen in den Fünfzigerjahren akzeptierter Teil der Erziehung waren. Damals wurde noch kräftig geschlagen. Etliche der Teilnehmer wurden als Kind misshandelt. Der heute dreiundsiebzigjährige Frans wuchs mit seiner zwei Jahre jüngeren Schwester Ria in einer auf den ersten Blick harmonischen Rotterdamer Familie auf, auch wenn es beide Kinder vor allem zu ihrer Mutter zog, die in ihrer Erinnerung lieb und spontan war.[3] Die Arbeitstage des Vaters als Schneider in der eigenen Werkstatt waren lang. Als Frans acht war, hörten Ria und er, wie eines Abends ein schrecklicher Streit zwischen ihren Eltern entbrannte. Es gab Schläge. Die Mutter verließ fluchtartig das Haus. Nach der damaligen Rechtsprechung verlor eine Frau, die die eheliche Wohnung verließ und nicht innerhalb von zwei Tagen zurückkehrte, das Sorgerecht für die Kinder. Bald darauf stand ein Umzugswagen vor der Tür, und Frans und Ria zogen mit dem Vater zu dessen Eltern.

Dort blieben sie nicht lange. Die Versorgung der Kinder wurde den Großeltern zu viel und der Vater steckte sie in ein Heim. Sie durften keinen Kontakt mit ihrer Mutter aufnehmen. Als Frans ihr doch einmal eine Karte schickte, war der Vater wütend: Er ließ ihn und seine Schwester in ein streng christliches Kinderheim in Maarssen bringen. Dort durchlebten sie eine furchtbare Zeit. Die Leitung war in Händen eines ehemaligen Offiziers der niederländisch-indischen Armee, der ab und zu mit seinem Spazierstock drauflosschlug. Die Strafen für Bettnässen waren grausam und erniedrigend. Als es der Mutter nach einigen Jahren doch gelang, Frans und Ria aufzuspüren, bekam sie das Sorgerecht zurück, und die Kinder wuchsen wieder bei ihrer Mutter und deren zweitem Mann auf.

Wie hatte das so aus dem Ruder laufen können? Den Anflug einer Antwort bekommt Frans, als er dreizehn ist. Die Mutter möchte, dass die Kinder den Kontakt mit ihrem Vater nicht ganz verlieren – »Er ist schließlich euer Vater« –, und ermutigt Ria und Frans, ihn zu besuchen. Sie klingeln und bekommen oben von der Treppe zu hören: »Ria darf hochkommen, aber du nicht, du bist ein Hurenjunge!« Sechzig Jahre später fällt es Frans noch immer sichtlich schwer, dies zu erzählen. Später wird klar, dass die Eltern seines Vaters kurz nach der Geburt von Frans einen Brief bekommen hatten, in dem behauptet wurde, Frans sei ein außereheliches Kind. Der Brief stammte von Anna, ausgerechnet der Schwester der Mutter. Das musste den Vater in Zweifel gestürzt haben. Frans glaubt, dass er darum von seinem Vater so lieblos behandelt wurde.

Frans hatte seine Mutter damals direkt gefragt, warum sein Vater ihn als »Hurenjunge« beschimpfe, aber sie versicherte ihm, er und Ria seien Kinder desselben Vaters. Sie schlug eine Blutprobe vor, aber davon wollte der Vater nichts wissen. Frans fragte ihn auch einmal direkt danach, erhielt aber nie eine klare Antwort, nicht einmal an dessen Sterbebett. Inzwischen sind beide Eltern verstorben. Frans erfuhr erst 2009 durch eine beiläufige Bemerkung Rias von dem hinterhältigen Brief seiner Tante. Diese hatte schon in den Siebzigerjahren davon gehört und angenommen, dass man Frans auch davon erzählt hatte. Der Brief war mittlerweile vernichtet worden. Laut Frans und Ria war das Verhältnis zwischen ihrer Mutter und Tante Anna gespannt, vielleicht hatte sie den Brief seinerzeit aus Eifersucht geschrieben oder hatte versucht, Zwietracht zwischen die Eheleute zu säen.

Beide Kinder glauben, dass ihre Mutter in dem Brief zu Unrecht bezichtigt wurde, trotzdem kamen Frans Zweifel. Er will jetzt wissen, ob er vielleicht doch einen anderen Vater hat. So vieles ist unklar. Was kann Tante Anna dazu gebracht haben, den Schwiegereltern ihrer eigenen Schwester zu schreiben, Frans sei ein uneheliches Kind? Wer sagt die Wahrheit, Tante Anna oder seine Mutter? Und wenn er tatsächlich einen anderen Vater hat, wer ist es? Einer der Brüder des Vaters lebt noch, er ist bereit, sich einem DNA-Test zu unterziehen.

Bevor das Ergebnis vorliegt, sagt Frans, er hoffe, sein Vater, so gemein er ihn auch behandelt habe, werde sich wirklich als sein Vater herausstellen: Dann habe seine Mutter jedenfalls nicht gelogen und er habe in gewisser Weise ihren Namen reingewaschen. Das Ergebnis überfällt ihn: Er hat *doch* einen anderen Vater als seine Schwester, er ist tatsächlich ein außereheliches Kind. Die Tränen steigen ihm in die Augen, als ihm die Konsequenzen bewusst werden. Neben ihm sitzt Ria, keine Schwester mehr, sondern eine Halbschwester. Tante Anna hatte zwar gepetzt, aber nicht gelogen, seine eigene Mutter schon. Und jetzt, da sein Vater nicht der echte Vater ist, wird er auf einmal zu »Frans Nobody«, wie er es beschreibt, er habe wirklich keine Ahnung, wer dann wohl sein leiblicher Vater gewesen ist, und jetzt sei es zu spät, um noch dahinterzukommen.

In diesem Fall ist der Versuch, »einem Leben voller Unklarheiten und Leugnungen ein für alle Mal ein Ende zu bereiten«, also nicht gelungen; im Gegenteil: Für Frans wurde der Zweifel über seinen Vater eingetauscht gegen die evtuell noch bedrückendere Unklarheit, wer als sein Vater infrage kommt und von wem er abstammt.

Der Mythos der zehn Prozent

Das Ergebnis des DNA-Tests bei Frans ist ein Beispiel dafür, was Mediziner »Non-Paternität« nennen, wörtlich »keine Vaterschaft«. Das ist ein etwas unglücklicher Begriff. Jedes Kind hat oder hatte einen Vater. Es ist eine Bezeichnung aus der Perspektive des Vaters. »Keine Vaterschaft« heißt: »Er ist nicht der Vater dieses Kindes«. Anders als bei der Mutterschaft gibt es bei der Vaterschaft immer Raum für Zweifel: »Mama's baby, papa's maybe«. Wenn ein Vater darüber Sicherheit haben möchte, kann er einen Verwandtschaftstest machen lassen. Aber die meisten Fälle von Non-Paternität kommen – ungewollt – bei klinisch-genetischen Untersuchungen ans Licht. Da sind allerlei Szenarien denkbar. Beim Kind kann eine Erkrankung festgestellt werden, die es von einem der beiden Elternteile vererbt bekommen haben muss, und beim Screening stellt sich heraus, dass das Kind von einem anderen Vater gezeugt wurde. Bei einer Knochenmarktransplantation wird unter engen Familienangehörigen nach genetisch geeigneten Spendern gesucht. Auch dabei kann entdeckt werden, dass der Vater nicht der biologische ist. Statistiken haben gezeigt, dass es sich bei der von *DNA unbekannt* aufgestellten Regel »eins von zehn Kindern« um einen Mythos handelt.[4] Der geht auf eine einzige britische Studie zurück, in der Problemviertel mit Einelternfamilien überrepräsentiert waren. Klinische Genetiker gelangen zu einer viel niedrigeren Zahl: etwa zwei, drei Prozent.[5] In einer Studie unter Eltern von 971 Kindern mit Leukämie in Deutschland kam man nicht einmal auf ein Prozent.[6] Eine ähnliche Studie in der Schweiz kam zu noch keuscheren 0,64 Prozent.

Unter Evolutionspsychologen sind die zehn Prozent immer eine beliebte Zahl geblieben.[7] Greiling und Buss berichten, dass es bei Primaten eine Relation gibt zwischen dem relativen Gewicht der Testikel und der Monogamie oder Nicht-Monogamie des Weibchens.[8] Bei Gorillas wiegen Testikel 0,031 Prozent ihres Körpergewichts und das Gorillaweibchen ist extrem treu.

Bei Schimpansen wiegen Testikel 0,3 Prozent, sind also zehnmal schwerer. Schimpansenweibchen sind ausgesprochen promiskuitiv. Der Gedanke dahinter lautet, dass Schimpansenmännchen ihre schwere Ausstattung im »Spermawettkampf« dringend benötigen: Ihr Ejakulat muss das ihrer Rivalen verdrängen. Menschliche Testikel wiegen 0,079 Prozent. Mit einer lakonischen Mischung aus hyperexakten Messungen und unbekümmerter Spekulation notieren Greiling und Buss, Frauen seien daher vielleicht nicht so promiskuitiv wie Schimpansen, aber sicherlich auch nicht so monogam wie Gorillaweibchen. Das erweckt den Eindruck, Frauen suchten für ihre Nachkommen den genetisch am besten ausgestatteten Mann, aber der Erzeuger des Kindes brauche nicht derselbe zu sein wie der Mann, der sich am besten dazu eignet, das Kind großzuziehen.

Weder die zehn Prozent noch die Begründung dahinter sind korrekt. Eine Analyse von 32 Studien aus dem Zeitraum von 1932 bis 1999 hat gezeigt, dass die Verfügbarkeit verlässlicher Verhütungsmittel um 1960 mit einem *Rückgang* der Non-Paternität einherging.[9] Offenbar mogeln Frauen also nicht bei der Empfängnisverhütung, um doch noch vom genetisch vielversprechendsten Mann schwanger zu werden. Der Durchschnitt dieser Studien lag übrigens nicht über drei Prozent.

Die Enthüllung von Non-Paternität kann Ehen zerrütten, sowohl die des Vaters, der sich als der nicht biologische herausstellt, als auch die des leiblichen Vaters. Es schüttelt Familienverhältnisse durch und kann schwerwiegende erbrechtliche Folgen haben. Auch Rufschädigungen sind damit verbunden, manchmal von Menschen, die nicht mehr leben und daher auch nichts mehr erklären können. Für den Umgang mit diesen Informationen gibt es keine ethischen Richtlinien, nur Fragen.[10] Wer darf über das Ergebnis der DNA-Untersuchung verfügen: der Patient oder der Arzt? Kann der Arzt bei einer ernsten genetischen Abweichung den Patienten zwingen, seine Familie zu informieren? Soll der Arzt auch gegenüber Partnern von Untersuchten alle Fakten offenlegen? Hat der Vater ein Recht auf die Information, dass er nicht der biologische Vater ist, oder ist das eine Verletzung der ärztlichen Schweigepflicht? Ärzte sollen die Wahrheit sagen, aber auch die Privatsphäre respektieren, und manchmal sind diese beiden Aspekte unvereinbar. In klinisch-genetischer Untersuchung ist es mittlerweile Usus, solcherart Ergebnisse individuell zu besprechen und nicht mit Paaren. Bei der Suche nach einem geeigneten Spender gibt man nur den Umschlag »geeignet« oder »nicht geeignet« mit und nicht die Information, der Vater sei kein geeigneter Spender, weil er nicht der Vater ist. Die meisten Ärzte geben wohlweislich keine Antwort auf Fragen, die gar nicht gestellt wurden.

Mascara

Mit allzu komplizierten moralischen Erwägungen hat sich die Redaktion von *DNA unbekannt* nicht belasten wollen. Postume Rufschädigungen etwa spielen keine Rolle. Manche Mütter werden von ihren Kindern als »sehr lebenslustig« porträtiert oder »sehr spontan, auch bezüglich anderer Männer«. Die Begriffe sind verblümt, aber suggestiv, genauso wie die Anspielungen auf eine lange angeschriebene Rechnung beim Lebensmittelhändler, die plötzlich gestrichen worden war, oder die Erinnerung an das eine Mal, als Mutter mit geröteten Wangen aus der Wohnung heruntergekommen war, gemeinsam mit dem Kohlenhändler. In den Fünfzigerjahren brauchte es nicht viel, um Gerüchte in die Welt zu setzen: »städtischer Firlefanz« in einer Bauerngemeinschaft, Rauchen auf einem Fest, Mascara auftragen, mit anderen Männern tanzen. Dass die Mutter lebenslang ihr Geheimnis hütete und vielleicht gute Gründe dafür hatte, spielt keine Rolle bei den Erwägungen. Für *DNA unbekannt* fällt ihr Geheimnis in die Kategorie »dunkle Familiengeheimnisse« und »vertuschte Wahrheiten«, die zum Glück jetzt endlich aufgeklärt werden.

Die Interessen des leiblichen Vaters zählen erst recht nicht. Auch wenn der »enthüllte« biologische Vater – oft nicht mehr am Leben – anonymisiert wurde, war es für die direkte Umgebung, Kinder, Enkel, Urenkel, natürlich klar, um wen es ging. So viele rothaarige Milchmänner gab es in den meisten Dörfern nicht. Der Versuch, »ein für alle Mal Klarheit zu schaffen«, bedeutet für *seine* Kinder eine unvorhergesehene Konfrontation mit einer Reihe neuer Rätsel.

In einer wirklich aufrüttelnden Folge kam der einundsechzigjährige Thijs zu Wort.[11] Er wuchs mit zehn weiteren Kindern in einem Arbeiterhäuschen in Sneek auf, in der Provinz Friesland. Es schien, als hätte es sein Vater bei seinen Misshandlungen hauptsächlich auf ihn abgesehen. Mehr als einmal schlug er dem Jungen mit der Faust ins Gesicht. Es war eine ängstliche, einsame Jugend, die ihn auch jetzt noch täglich beschäftigt. Er war lieber auf der Straße als zu Hause. Als seine ältere Schwester heiratete, suchte er in ihrer Familie die Wärme, die zu Hause fehlte. Thijs fragte sich schon früh, ob er wirklich das Kind dieses Vaters war. Andere Brüder schienen den Schlägen und Tritten, die er bekam, viel öfter zu entgehen. Ein paarmal hatte sein Vater gebrüllt: »Du bist keins von mir!« Die Bestätigung seines Zweifels schien von medizinischer Seite zu kommen. Thijs hat eine abweichende Kieferlinie, Ärzte hatten gesagt, sie sei genetisch bestimmt. Weder seine Mutter noch sein Vater hatten diese Linie. Aber Bestätigung brauchte Thijs eigentlich gar nicht, für ihn stand längst fest, dass er von einem anderen Mann gezeugt worden war. Im Grunde seines Herzens hoffte er, dass sein Vater recht hatte und er tatsächlich nicht sein Sohn war. Das würde die Wut des Vaters erklären und ihm die Beruhigung geben, dass er nichts von ihm haben konnte. Dass seine Mutter dann wohl etwas mit einem anderen

Mann gehabt haben musste, fand er nur schön für sie: »Dann hat sie vielleicht einmal jemanden mit einem wärmeren Herzen gehabt als diesen Mann.«

Das Ergebnis ist enttäuschend. Es war sehr wohl sein eigener biologischer Vater, der ihn so unbarmherzig geschlagen hatte. Die Nachricht trifft ihn hart. Während er aufgewühlt das Ergebnis zu verarbeiten versucht, erscheint ein Text im Bild, den die Redaktion wohl passend fand: »Das Testergebnis ist für Thijs ein weiterer Schlag ins Gesicht.«

Auch dieser Fall zeigt, dass man überhaupt nicht versprechen *kann*, »ein für alle Mal Klarheit zu schaffen«. Dass *wir* jetzt wissen, dass dieser schlagende Vater Thijs' Erzeuger war, heißt nicht, dass er selbst daran glaubte. Er kann durchaus davon überzeugt gewesen sein, dass dieser eine Sohn ein Kuckuckskind war, und sich deswegen an ihm abreagiert haben. Für Thijs ist eigentlich nichts geklärt. Die tröstliche Geschichte, die er sich ausgedacht hatte, ist ihm jetzt entrissen, er muss mit Erinnerungen weiterleben, mit denen vielleicht noch schwieriger umzugehen ist als mit seinen früheren Zweifeln.

»Ich hole jetzt die Wahrheit«

In *DNA unbekannt* wird der biologische Vater immer als der »echte« Vater bezeichnet, auch wenn die Kinder den Vater, bei dem sie aufgewachsen sind, weiterhin als ihren Vater betrachten. Das »echt« in *DNA unbekannt* handelt von Fleisch und Blut, nicht von Liebe und Bindung. Es ersetzt die Frage »Zu wem gehöre ich?«. durch »Von wem stamme ich ab?«. Das DNA-Ergebnis erzählt den Teilnehmern, wer ihr »eigentlicher« Vater ist. Non-Paternität gibt einem Kind in gewisser Weise zwei Väter, auch wenn beide mittlerweile vielleicht schon verstorben sind. Für das Kind stehen zwei Geschichten nebeneinander, in denen der leibliche Vater und der, der es aufgezogen hat, jeweils ihren Platz bekommen. Dass sich neben der Geschichte, mit der man aufgewachsen ist, noch eine andere entwickeln kann, ist der Fähigkeit zu verdanken, im Erwachsenenalter auf die Jugend zurückschauen und in derselben Erinnerung eine andere Bedeutung erkennen zu können. In jeder Altersphase gibt es Erinnerungen, die unterschiedliche Lesarten zulassen. Dass Sie als Elfjähriger nicht zum Begräbnis des Vater mitgehen durften – war das, weil Ihre Mutter Sie für zu jung hielt, wie Sie immer geglaubt hatten, oder weil Sie eigentlich das Kind eines anderen Vaters sind? Der spanische Kostgänger, den Ihr Vater zum großen Kummer Ihrer Mutter Hals über Kopf vor die Tür setzte, ist das vielleicht Ihr biologischer Vater? Dass Sie mit Erlaubnis des Blumenhändlers in der Kabine seines Lastwagens spielen durften, während er drinnen bei Ihrer Mutter die Blumen auslieferte, war das, weil er verstand, wie cool es für einen Jungen ist, hinter einem so großen Lenkrad zu sitzen, oder weil er keine Topfgucker brauchen konnte? Warum wollte Ihre Mutter immer, dass Sie Ihr Zeugnis zwar dem einen Onkel, aber nicht den anderen Onkeln zeigten? All dies sind Erinnerungen, über die man als Kind nicht nachdenkt, die sich aber zu einem Muster formieren, sobald man den Magneten einer neuen Vermutung darunterhält. Erinnerungen erhalten in diesem neuen Muster einen anderen Platz, einen anderen Beigeschmack, sind mit einem anderen Gefühl verbunden.

Und vor allem: Sie rufen ihrerseits wiederum »vergessene Erinnerungen« auf, Erinnerungen an Ereignisse, an die man nie wieder gedacht hätte, wenn diese neue Geschichte nicht aufgetaucht wäre. Es treiben Erinnerungen an die Oberfläche, die definitiv versunken schienen. Oft sind es nur Fetzen, Vorfälle, die nichts zu bedeuten schienen. Das geschieht im eigenen Gedächtnis, aber sobald die Vermutung geteilt wird, auch im Gedächtnis anderer: »Jetzt, da du es erwähnst, erinnere ich mich plötzlich ...« All diese Erinnerungen fügen sich zu einem immer festeren Zusammenhang, die blinden Punkte schwinden, es kommen neue Hinweise, neue Bestätigungen hinzu. Auch der Sohn des Blumenhändlers erinnert sich jetzt wieder, dass sein Vater ihn immer in der Kabine warten ließ, wenn er Blumen auslieferte, und dass es manchmal Ewigkeiten dauerte, bevor er wieder zurückkam. Was als vage Vermutung begann, ist durch all diese neuen oder neu gedeuteten Erinnerungen zu einer anderen Geschichte geworden, die dem Zweifel kaum mehr Raum lässt. Genau an diesem Punkt, an dem es zu jeder Assoziation neue Hinweise gibt, kann die Sache übrigens auch schiefgehen. Die Vermutung, die Mutter hätte mit dem Kostgänger eine Affäre gehabt, lässt zwar die Erinnerung an das eine Mal aufsteigen, als die Mutter von einem Nachbarschaftsfest viel früher nach Hause kam als der Vater, vielleicht, um eine Weile mit dem Kostgänger allein sein zu können, aber sie unterdrückt auch die Erinnerungen an die Zeit, in der der Kostgänger einfach nur ein Kostgänger war und sonst nichts. Die sich häufenden »Hinweise« lassen die Vermutung zu einer festen Überzeugung wachsen. Erweist sich diese Überzeugung schließlich als Irrtum – etwa in der Hälfte aller Fälle –, sind die Teilnehmer oft fassungslos.

Mit zwei nicht zu vereinbarenden Geschichten zu leben, fällt den meisten Menschen schwer. Die Teilnehmer von *DNA unbekannt* sind immer erleichtert, wenn Caroline Tensen endlich aufsteht – »Ich hole jetzt die Wahrheit« – und ein Ergebnis mitbringt, das eine Geschichte durchstreicht und die andere zur »echten« erklärt. Auch wenn das Ergebnis wirklich das Letzte ist, was sie hören wollten, oder neue Unsicherheiten bringt, vermittelt die Eliminierung einer der beiden Geschichten doch das Gefühl, »dass die Puzzleteile jetzt alle an der richtigen Stelle liegen«, wie es oft heißt.

Wir stellen uns die Zukunft gern offen vor. Aber ein Brief, ein Foto, ein Gerücht, eine Vermutung kann auch die Vergangenheit öffnen und für eine Weile im Fluss halten. Dass Ihre Vergangenheit die Summe Ihrer Erinnerung sein könnte, ist eine irreführende Annahme. Erinnerungen konstituieren keine Vergangenheit, sie vermitteln Ihnen lediglich eine Version Ihrer Vergangenheit. Erinnerungen können vorübergehend in verschiedenen Lebensgeschichten auftreten, jede Erinnerung mit einer Deutung, die sowohl zu der einen wie auch zu der anderen Geschichte passt. Beide Geschichten sind von Erinnerungen abhängig, denn ohne Erinnerungen keine Geschichte. Aber das Umgekehrte ist genauso wahr: *Woran* Sie sich erinnern, hängt von der Geschichte ab.

Die sieben Leben des Unabombers

>»Vor der Wirkung glaubt man an andere Ursachen
>als nach der Wirkung.«
>*Friedrich Nietzsche, Die fröhliche Wissenschaft.*[1]

Ein Februarnachmittag im Jahr 1894 neigte sich seinem Ende zu. Das Observatorium in Greenwich war nahezu verlassen. Die meisten damaligen »Rechner«, die tagsüber die Ergebnisse der nächtlichen Beobachtungen verarbeiteten, waren schon nach Hause gegangen, und für die Astronomen war es noch zu früh. Im Lower Computing Room waren noch zwei Rechner an der Arbeit, die Herren Thackeray und Hollis.

Um Viertel vor fünf – der Zeitpunkt ist im Tagesbericht notiert – wurden sie von einer lauten Explosion aufgeschreckt. Sie rannten hinaus. Etwa fünfzig Meter vom Observatorium entfernt kniete ein Mann auf dem Weg. Seine linke Hand war abgerissen und in der Magengegend befand sich ein gähnendes Loch. Er war bei Bewusstsein, weigerte sich jedoch zu sagen, wer er war oder was passiert war. Der Mann wurde ins nahe gelegene Seamen's Hospital getragen, wo er eine halbe Stunde später verstarb. Auf dem Rückweg ins Observatorium fanden Thackeray und Hollis Fetzen seiner Kleidung und Bruchstücke von etwas, das aller Wahrscheinlichkeit nach eine Zeitbombe gewesen war.

Die Polizei ermittelte noch am selben Tag die Identität des Toten. Es handelte sich um Martial Bourdin, einen französischen Anarchisten, sechsundzwanzig Jahre alt. Zeugen hatten ihn in Greenwich mit einem Päckchen in der Hand aus der Straßenbahn steigen sehen. Offenbar stand er in engen Verbindungen mit radikalen britischen Anarchisten. Nach einer ausgiebigen Inspektion konnten Thackeray und Hollis berichten, das Observatorium habe keinerlei Schaden davongetragen, »nicht den kleinsten Riss in der Außenwand«.[2] Im Chronometer Room, tief im Inneren des Gebäudes, hatten alle Uhrwerke unerschüttert weitergetickt.

Aber warum *Greenwich?*

Zehn Jahre zuvor, 1884, war der Meridian von Greenwich auf einer geodätischen Konferenz als Nullmeridian akzeptiert worden. Damit wurde Greenwich zum Mittelpunkt des unumstößlichen Rasters von Zeit und Raum, das aller Kommunikation, dem Transport und der Industrie zugrunde gelegt worden war. Die gesellschaftliche Ordnung des neunzehnten Jahrhunderts unterlag der Präzision eines strikten Zeitregimes. Britische Astronomen richteten die Augen auf die Sterne, bestimmten damit aber gleichzeitig die Standardzeit. Greenwich lieferte das Präzisionszeitzeichen, das einmal pro Tag über die Londoner Post- und Telegrafenbüros und von dort über das gesamte britische Reich verteilt wurde. Die internationalen Handels- und Kriegsflotten navigierten nach Greenwich-Zeit. Das

Observatorium gab auf die Sekunde genau den Takt vor für Handel, Wissenschaft und Technik, wo auch immer auf dieser Welt. Anarchisten hätten kein stärkeres Symbol für einen Anschlag wählen können.

Und dann explodiert die Zeitbombe *eine* Minute zu früh.

Der misslungene Anschlag wäre nicht mehr als eine kuriose Fußnote in der Geschichte von Greenwich geblieben, hätte Joseph Conrad den Vorfall nicht zum Thema seines Romans *The secret agent* (1907) gemacht.

Er siedelte seine Geschichte im London des Jahres 1886 an, zwei Jahre nach der Festlegung des Nullmeridians. Hauptperson ist Winnie Verloc. Sein Laden ist der geheime Versammlungsort der anarchistischen Gesellschaft F. P., *Future of the Proletariat*. Verloc wird zur Botschaft bestellt – suggeriert wird: zur russischen –, wo ihn der Erste Sekretär Vladimir beauftragt, einen Bombenanschlag durchzuführen. Herr Vladimir hat gut über mögliche Ziele nachgedacht. Kirche und Königshaus verfügten nicht mehr über ihre frühere Autorität, also seien sie für einen Anschlag weniger von Interesse. Für die Kunst gelte das Gleiche, ein Anschlag auf die National Gallery wäre sinnlos. Aber es gebe einen neuen »Fetisch«, erklärt Vladimir. Die bürgerliche Mitte glaube daran, »dass auf irgendeine geheimnisvolle Weise die Wissenschaft die Quelle ihres Wohlstandes ist«.[3] Am liebsten ließe er eine Bombe in das Gesicht der reinen Mathematik werfen, doch das sei unmöglich. Aber was halte Verloc von der Astronomie? »Die ganze zivilisierte Welt hat von Greenwich gehört, noch die Schuhputzer an der Untergrundbahnstation in Charing Cross wissen etwas davon, nicht wahr?«[4] Den *Nullmeridian* in die Luft sprengen, das würde weltweit einen Aufschrei voller Abscheu auslösen.

Verloc beginnt mit den Vorbereitungen. Eine finstere Gestalt mit dem Spitznamen »der Professor« versorgt ihn mit einer handlichen Bombe. Für den Anschlag selbst benutzt Verloc Stevie, einen minderbegabten Jungen. Gemeinsam reisen sie nach Greenwich Hill. Verloc bleibt auf halbem Weg zum Observatorium zurück und wartet, während Stevie mit der Zeitbombe weiterläuft. Kurz darauf geht alles schief. Stevie stolpert und die Zeitbombe explodiert. Der Junge ist sofort tot, und Verloc macht sich möglichst unauffällig aus dem Staub.

Vielleicht hätte die literarische Version des gescheiterten Anschlags auf Greenwich, ohne große Aufmerksamkeit zu erregen, weiterhin im Werk von Conrad geruht, wenn nicht ein amerikanischer Professor für britische Literatur 1995 Kontakt mit dem FBI aufgenommen hätte. Er hatte alarmierende Parallelen zwischen Passagen aus *The secret agent* und einer Anschlagsserie mit Briefbomben entdeckt, die bislang schon drei Tote und zwanzig Verwundete gefordert hatte. Ziel waren immer führende Persönlichkeiten aus Wissenschaft, Technik und Transport, als wären sie von der Wirklichkeit gewordenen Romanfigur Vladimir ausgewählt worden. Unter den Toten und Verwundeten befanden sich Professoren der Materialkunde, der Informatik und der Elektrotechnik, der Präsident einer

Luftfahrtgesellschaft und Eigentümer von Computer-geschäften. Weil die Opfer der ersten Anschläge an Universitäten arbeiteten und eine Bombe an Bord eines Linienflugs der American Airlines entdeckt worden war, hatte der unbekannte Täter den Codenamen Unabomber erhalten. Das FBI jagte ihn schon seit 1979. Nachdem der Unabomber die Veröffentlichung eines Manifests erzwungen hatte, wurde die Parallele zu Vladimirs Erwägungen noch auffälliger: Der Text verdeutlichte, dass er auf die Zersetzung der industriellen Gesellschaft aus war.

Erst im Frühjahr 1996 konnte der Unabomber verhaftet werden. Die Anschläge erwiesen sich als das Werk von Theodore (Ted) Kaczynski, dreiundfünfzig Jahre alt, Studium in Harvard, Doktor der Reinen Mathematik. Seit 1971 bewohnte er eine Blockhütte in den Wäldern von Lincoln, Montana. Durch die Untersuchung des FBI wurde deutlich, wie eng die Verbindung zu Conrads Werk war. 1984 hatte Kaczynski bereits in einem Brief an seine Familie geschrieben, er lese *The secret agent* nun gewiss schon zum zwölften Mal. Bei seiner Verhaftung stand das Buch in dem Regal in seiner Blockhütte. Wenn er für seine Bombenattentate in einem Hotel übernachten musste, checkte er unter dem Namen J. Konrad ein. In den Bombenpaketen befand sich immer ein Stückchen Metall mit den eingestanzten Buchstaben F. C.; später sollten sie sich als die Initialen des Freedom Club herausstellen, einer anarchistischen Gesellschaft mit nur einem einzigen Mitglied: Ted Kaczynski.

Während der Prozessvorbereitung wurde Kaczynski von der forensischen Psychiaterin Sally Johnson untersucht. Sie notierte in ihrem Gutachten die Diagnose »Paranoide Schizophrenie[5]«, hielt ihn jedoch für zurechnungsfähig. Schließlich entkam Kaczynski der Todesstrafe, indem er gestand und sich in allen Punkten der Anklage für schuldig befand. Er sitzt nun seine Strafe im Hochsicherheitsgefängnis von Florence, Colorado, ab, auch wenn absitzen keine ganz passende Bezeichnung ist für jemanden, der zu acht Mal lebenslänglich verurteilt wurde.

»Schizophrenie-Patient« ist nur eine der vielen Identitäten, die Kaczynski mittlerweile zugeschrieben werden. Andere Psychiater dachten eher an das Asperger-Syndrom oder eine antisoziale Persönlichkeitsstörung. Auch Nicht-Psychiater versahen Kaczynski mit den unterschiedlichsten Identitäten. So zum Beispiel seine Mutter, sein Bruder, Journalisten, Biografen und, nicht zu vergessen, Kaczynski selbst, der Teile aus Tagebüchern und Briefen freigegeben hat und bis zum heutigen Tag über autobiografische Texte und ein Netzwerk aus Dutzenden von Korrespondenten von sich hören lässt. All diese Identitäten sind mit Rekonstruktionen seiner Vergangenheit verbunden, die sich hier und da überlappen, aber nie exakt übereinstimmen. Ob diese Rekonstruktionen von seinen Biografen, von forensischen Psychiatern oder von Kaczynski selbst stammen – zum überwiegenden Teil bestehen sie aus Erinnerungen.

Dort beginnen auch die Komplikationen.

Oft sind es Erinnerungen, die lange zurückliegen, Erinnerungen, die außerdem von dem Wissen gefärbt sind, dass er für eine Reihe ernsthafter Delikte verantwortlich ist. Sind in diesen Erinnerungen wirklich Motive oder Erklärungen für seine lange mörderische Kampagne zu finden? Oder sind sie nur darin zu entdecken, weil bekannt ist, was so viel später aus ihm geworden war, ein Serienmörder, der mit einer Präzision zu Werke ging, die man tatsächlich mit Mathematik assoziiert?

Handschrift: Holz

Eines Tages im Mai 1978 fand eine Frau auf einem Parkplatz der Universität von Illinois ein Päckchen, adressiert an E. J. Smith, Professor für Materialkunde am Rensselaer Polytechnic Institute in Troy, New York. Wie es auf diesen Parkplatz kam, war unklar. Sie nahm Kontakt auf zum Absender, Buckley Crist, auch Professor für Materialkunde an der Northwestern University. Als man es ihm wieder zustellte, erkannte Crist das Päckchen nicht. Weil Adresse und Absender nicht in seiner eigenen Handschrift geschrieben waren, zog er jemanden vom Wachdienst hinzu. Der legte das Päckchen auf den Tisch, sagte zum Spaß zu den Umstehenden: »Okay, Leute, zurücktreten!«, und begann, es zu öffnen.[6] Es explodierte in seinen Händen.

Dass niemand verletzt wurde, war der amateurhaften Bombenkonstruktion zu verdanken. Der Zünder bestand aus einem Nagel, Gummibändern und Streichholzköpfchen. Der Sprengstoff befand sich in einem Metallröhrchen von gut zwanzig Zentimeter Länge. In den Enden des Röhrchens steckten Stöpsel aus Holz. Wäre das Röhrchen mit Metalldeckeln verschlossen und diese darauf festgeschraubt gewesen, hätte die Explosion großen Schaden angerichtet. Die Bombe befand sich in einem Kistchen. Das »Bureau of Alcohol, Tobacco and Firearms« stellte eine Untersuchung an. Die Überreste der Bombe lieferten jedoch keine Hinweise und wurden entsorgt.

Ein Jahr später hob ein Student der Northwestern University ein Holzkästchen auf, das schon seit ein paar Tagen in der Abteilung Industriedesign herumlag. Als er das Klebeband löste, explodierte das Kästchen. Dieses Mal war die Kraft der Explosion größer: Der Student erlitt Schnitt- und Brandwunden. Erneut waren Streichholzköpfchen verwendet worden, aber der Zünder bestand jetzt aus Batterien und Glühdraht. Es flogen keine Nägel oder andere Metallstücke durch die Gegend, sondern Holzsplitter.

Im November 1979 hörten Passagiere an Bord eines American-Airlines-Flugs einen dumpfen Knall im Frachtraum. Wenig später drang Rauch in die Kabine. Nach einer Notlandung mussten zwölf Menschen wegen Atemwegsproblemen im Krankenhaus behandelt werden. Auch jetzt befand sich die Bombe in einem Holzkistchen. Der Zünder war erneut eine kuriose Mischung aus Finesse und Amateurhaftigkeit. Ein Haushaltsbarometer war offensichtlich zu einem Höhenmesser umgebaut worden, der bei einer Höhe von etwa 10 000 Metern einen elektrischen Kreis schloss. In der Bombe befand sich Feuerwerkspulver, das den Rauch grün färbte.

Weil die Bombe als Luftpostpaket aufgegeben und über verschiedene Staaten transportiert worden war, kamen zwei neue Instanzen bei den Ermittlungen mit ins Spiel: die US Postal Services und das FBI. Ein Ermittler der Postal Services brachte als Erster die Überlegung ins Spiel, die Verwendung von Holz könne die »Handschrift« des Bombenbauers sein.

Die nächste Bombe wurde im Juni 1980 Percy Wood zugestellt, Präsident von United Airlines. In einem ausgehöhlten Exemplar des Romans *Ice Brothers* von Sloan Wilson war Sprengstoff versteckt. Wood wurde schwer verletzt. Wenn »Holz« tatsächlich die Handschrift war, so gab es dieses Mal sehr viel davon: Wood wohnte in Lake Forest, der Inhalt bestand aus Metall- und Holzstücken, der angebliche Absender war »Enoch Fischer, Ravenswood Street«. Die Adresse war mit grüner Tinte geschrieben. In der Bombe für Wood tauchte zum ersten Mal auf, was zu einer echten Handschrift werden sollte: die auf ein Metallstück gestanzten Initialen F. C.

Zwischen 1981 und 1987 folgten neun weitere Anschläge. Die meisten richteten sich gegen Mitarbeiter an Universitäten. In Berkeley wurde ein Professor für Informatik schwer verletzt; bei einer zweiten Bombe an derselben Universität verlor ein Student vier Finger. An der Universität Michigan erlitt ein Assistent schwere Verletzungen, als er ein Päckchen öffnete, das an den Psychologieprofessor James McConnell gerichtet war. Auch McConnell selbst, zu diesem Zeitpunkt in einem anderen Raum, wurde verletzt. 1985 gab es das erste Todesopfer, als der Eigentümer eines Computerladens in Sacramento auf dem Parkplatz einen mit Nägeln gespickten Holzblock aufhob. Zwei Jahre später wurde der Eigentümer eines Computerladens in Salt Lake City von einer ähnlichen Bombe schwer verstümmelt.

Danach blieb es ruhig.

Das FBI hatte mittlerweile eine Sonderkommission eingerichtet. Nach dem ersten Todesopfer hatte man die Bevölkerung über die Bombenserie informiert. Für den entscheidenden Hinweis wurde eine Belohnung ausgesetzt. Aber bis dahin hatte sich nie jemand zu den Anschlägen bekannt und auch zehn Jahre nach dem ersten Anschlag kannten die Ermittler nur den Modus Operandi des Unabombers: Alle Sendungen kamen in Holzkistchen, handgemacht, geschliffen, sorgfältig bearbeitet. Die meisten Einzelteile stammten aus eigener Herstellung, der Rest konnte in jedem Laden an der Ecke gekauft worden sein. Auch einige rechtzeitig entdeckte Bomben lieferten nach ihrer Demontage keinerlei Spuren, im Gegenteil: Auffällig war gerade die Raffinesse, mit der falsche Fährten gelegt wurden. Wer war bei der ersten Bombe eigentlich das Ziel? Die Finderin des Päckchens? Der Adressat? Der Absender? Bei drei Personen – und drei Universitäten – musste nach einem Motiv gesucht werden. Manche Bombenpakete waren nicht ausreichend frankiert in die Post gegeben worden und zum Absender zurückgegangen. Aber war der Absender tatsächlich das Ziel? Andere Pakete waren an Personen verschickt worden, die ihr Amt nicht mehr innehatten, sodass sie bei ihren Nachfolgern landeten. Erneut die Frage: Wer von beiden war gemeint? Bei der ersten Bombe in Berkeley befand sich ein Zettelchen mit dem Text »Wu – it works! I told you it would – R. V.«.[7] Das führte zu einer zeitraubenden Untersuchung nach den unzähligen Menschen in Amerika mit dem Namen Wu oder den Initialen R. V. Auch das immer wiederkehrende gestanzte F. C. blieb rätselhaft. Standen die Buchstaben für eine Person, für eine Organisation? War es ein Motto, vielleicht »fuck computers«?

Mit jedem Anschlag stieg die Zahl der Hinweise exponentiell an. Die Bombe für Wood war von einem »Enoch Fischer« verschickt worden. Enoch ist ein biblischer Name, er war ein gerechter Mann, er »wanderte mit Gott« – war der Unabomber ein religiöser Fanatiker? Oder gab Fischers Adresse »Ravenswood Street« einen Hinweis auf das Gedicht »The Raven« von Poe? Enthielt der Roman, in dem die Bombe versteckt gewesen war, einen Hinweis? Der Bombenbauer musste über technische Fertigkeiten verfügen. War er vielleicht einer der Arbeitnehmer, die kurz zuvor zu Tausenden von den United Airlines entlassen worden waren? Die Bomben, die an Universitäten geschickt worden waren, führten zum Screening von – wiederum – Tausenden von Menschen, die einen Grund haben könnten, sich zu rächen: nicht zugelassen, weggeschickt, entlassen, keine feste Anstellung erhalten. Jeder Anschlag brachte auf durchtriebene Weise das FBI an die Grenzen seiner Ermittlungskapazitäten. Bis zur Fahndung nach Bin Laden 2011 und seiner Liquidierung waren die Ermittlungen im Unabomber-Fall die teuerste Menschenjagd in der Geschichte des FBI.

Schon zu Beginn der Anschlagsserie hatte das FBI ein Profil des Verdächtigen erstellt und immer wieder erneuert. Im ersten, aus dem Jahr 1979, war der Gesuchte ein Einzelgänger mit obsessiv-zwanghaften Zügen. Wahrscheinlich bekleidete er irgendeine unwichtige Arbeitsstelle, die Bomben sollten seine Sehnsucht nach Macht befriedigen. Dieselbe Zwanghaftigkeit sollte sich in einem extrem ordentlichen Haus äußern. Und er hegte einen Groll, auch wenn unklar war, gegen wen oder was. Nach dem ersten tödlichen Anschlag korrigierte das FBI dieses Profil. Vermutlich hatte man es noch immer mit einem Einzelgänger zu tun, aber einem mit universitärer Ausbildung, vielleicht sogar promoviert. Er sei ausgesprochen gewissenhaft, »die Art von Mann, die sich ordentlich kleidete, Listen führte, mit großer Hingabe sein Auto in perfektem Zustand hielt. Er sei der ideale Nachbar, ruhig und zurückgezogen. Wahrscheinlich habe er Probleme im Umgang mit Frauen. Nahezu sicher war er nicht verheiratet, hatte keine Kinder und machte keine Karriere. Dafür hätte er gar keine Zeit.«[8] In der Hoffnung, ihn aus der Reserve zu locken, erklärte das FBI gegenüber der Presse, vermutlich habe der Unabomber höchstens einen mittleren Schulabschluss.

Zwischen den Anschlägen lagen viele lange Pausen. Aber nach der Bombe, die im Februar 1987 den Eigentümer eines Computerladens schwer verwundete, blieb es so lange still, dass es schien, als wäre die Serie vorbei. War der Unabomber zur Besinnung gekommen? Saß er vielleicht wegen eines anderen Verbrechens im Gefängnis? War er krank? Tot? Wer weiß, vielleicht hatte er an einem einsam gelegenen Ort das Schicksal von Martial Bourdin und Stevie geteilt, war umgekommen durch die vorzeitige Explosion einer seiner eigenen Bomben?

Nach einer Pause von sechs Jahren war ein Genetikprofessor an der Universität von Kalifornien der Erste, der erfuhr, dass die Attentatsserie wieder aufgenommen worden war. Charles Epstein war Spezialist auf dem Gebiet des Downsyndroms. Seine kleine Tochter hatte das Paket für ihn aus dem Briefkasten geholt und es auf dem Tisch für ihn bereitgestellt. Er überlebte die Explosion nur knapp. Ein Chemieprofessor, James Hill, war als Absender des Pakets angegeben worden. – Er wusste von nichts.

Zwei Tage später verlor David Gelernter, Yale University, Professor für Informatik, beim Öffnen eines Pakets seine rechte Hand. Monatelang lag er auf der Intensivstation, sein Zustand war kritisch. Er sollte der Letzte sein, der einen Anschlag des Unabombers überlebte.

Parallel zu den Bomben für Epstein und Gelernter hatte der Unabomber diesmal einen Brief an die *New York Times* aufgegeben. Zum ersten Mal gab es ein Be-

kennerschreiben, in dem eine Gruppe Verantwortung
für die Anschläge übernahm:

> Wir sind eine anarchistische Gruppe, die sich F. C.
> nennt. Beachten Sie, dass das Datum des Briefstem-
> pels einem bemerkenswerten Ereignis vorausgeht,
> das zu dem Zeitpunkt, da Sie diesen Brief erhalten,
> eingetreten sein wird, wenn nichts schiefgegangen
> ist. Das beweist, dass wir im Vorhinein von diesem
> Ereignis wussten und zu Recht die Verantwortung
> dafür übernehmen. Fragen Sie das FBI nach F. C. Sie
> haben von uns gehört. Zu einem späteren Zeitpunkt
> werden wir Informationen über unsere Ziele ange-
> ben. Im Augenblick möchten wir nur unsere Iden-
> tität festhalten und eine Identifikationsnummer
> angeben, um die Authentizität zukünftiger Kom-
> munikation zu garantieren. Halten Sie diese Num-
> mer geheim, damit kein anderer behaupten kann,
> in unserem Namen zu sprechen.[9]

Die angegebene Nummer erwies sich als die Sozial-
versicherungsnummer eines jungen Delinquenten,
der auf Bewährung frei war. Obwohl er ein Tattoo mit
dem Text »Pure Wood« hatte, hatte er nichts mit der
Bombenserie zu tun. Das war nicht die einzige falsche Fährte. Der Brief war auf einem Blatt Papier geschrieben, das zuvor offenbar unter einem anderen
Blatt gelegen hatte, auf dem ebenfalls etwas geschrieben worden war. Die Untersuchung des Durchdrucks
mit ultraviolettem Licht ergab einen Notizfetzen: *call*

Nathan R Wed 7 p.m. Durch Kombination von Telefon-büchern und Führerscheinregistrierungen wurden fast 10 000 Nathans mit einem R als erstem Buchstaben ihres zweiten Namens oder des Nachnamens identifiziert – vergeblich.

Es sollten noch zwei weitere Anschläge folgen, beide tödlich.

Thomas Mosser arbeitete für ein Unternehmen, das sich mit Werbung und Public Relations beschäftigte. Über ihn war ein Artikel erschienen, in dem er – zu Unrecht, wie sich später herausstellte – als Spindoctor bezeichnet wurde, der nach der Katastrophe mit der Exxon Valdez vor der Küste von Alaska das Image von Exxon wiederherstellen sollte. Nach einer Geschäftsreise wartete zu Hause ein Päckchen auf ihn. Es war kurz vor Weihnachten. Flogen zu Beginn der Serie noch Holzsplitter herum, waren es jetzt Nägel und Rasiermesser. Mosser war sofort tot. Sein Körper war bis zu Unkenntlichkeit verstümmelt. Ein paar Monate später öffnete Gilbert Murray, Vorsitzender einer Lobbygruppe für die Holzindustrie, ein Päckchen, das an seinen Vorgänger gerichtet war. Auch er war sofort tot.

Siebzehn Jahre dem FBI nicht ins Netz zu gehen – ist eine lange Zeit. Auch eine lange Zeit dafür, das Berufsrisiko zu überleben. Anschläge mit Brief- und Paketbomben geschehen zwar auf Entfernung, sind aber deshalb noch lange nicht gefahrlos für den Täter. Mit den zehn Bomben, die der Unabomber per Post zustellen ließ, hatte er vorher lange Reisen unternommen. Sieben Bomben hatte er eigenhändig zugestellt. Dafür musste er vier Mal Universitätsgebäude in Illinois, Utah und Kalifornien betreten. Die Bomben, die er auf Parkplätzen scharf machte, explodierten später bei der geringsten Berührung.

Ein einziges Mal hatte ein Zeuge einen Blick auf ihn erhascht: ein weißer Mann in schwer zu schätzendem Alter, mit einer Kapuzenjacke und einer verspiegelten Sonnenbrille. Die Phantomzeichnung der Polizei lief ins Leere. Eigentlich brachte kein einziger Hinweis irgendetwas. Der Unabomber schien über sieben Leben zu verfügen. Mittlerweile war ein Kopfgeld von einer Million Dollar auf ihn ausgesetzt. Tausende von Männern waren durchleuchtet, beobachtet, abgehört, beschattet oder verhört worden. Theoretisch hätten FBI-Agenten den Unabomber sogar schon einmal gesprochen und wieder auf freien Fuß gesetzt haben können.

Das Unabomber-Manifest

Der Unabomber hatte 1993 zwar die Initialen F. C. und einen Identifikationscode hinterlassen, aber vorläufig schien er nicht zu beabsichtigen, neue Verlautbarungen von sich zu geben. Er nahm sich Zeit, wie er es schon während der gesamten Attentatsserie getan hatte.

Zwei Jahre nachdem David Gelernter knapp einen Anschlag des Unabombers überlebt hatte, öffnete er mit der ihm verbliebenen Hand einen Umschlag, Absender war das Hauptquartier des FBI. Jedoch kam ein von F. C. unterzeichneter Brief zum Vorschein.

Gelernter hatte in seinem Buch *Mirror Worlds* die Computerisierung der Gesellschaft als unumgänglichen Prozess beschrieben. Das hatte das Missfallen des Unabombers erregt. Alter und schlechtes Wetter seien unvermeidlich, bekam Gelernter vorgehalten, aber die Computerisierung sei nur wegen der Arbeit von Nerds wie ihm unabwendbar. Der Ton war höhnisch:»Menschen mit einem akademischen Abschluss sind nicht so schlau, wie sie selbst meinen. Wenn Sie auch nur einen Funken Verstand hätten, wäre Ihnen klar, dass es eine Menge Leute gibt, die eine intensive Abneigung gegenüber der Art und Weise empfinden, wie Techniknerds wie Sie die Welt verändern, und Sie sollten übrigens auch nicht so dumm sein, ein unerwartetes Paket eines unbekannten Absenders zu öffnen.«[10]

Am selben Tag erhielt auch die *New York Times* einen Brief von F. C. Es sei höchste Zeit, ein paar Dinge zurechtzurücken. Manche Zeitungen hätten geschrieben, die Anschläge würden Universitäten und Wissenschaftlern gelten. Aber das sei zu umfassend formuliert:»Wir haben nichts gegen Universitäten oder Wissenschaftler als solche. Alle Universitätsangehörige, die wir angegriffen haben, waren Spezialisten technischer Disziplinen. (Wir zählen manche Teile der Angewandten Psychologie, wie die Verhaltensmodifikation, zu den technischen Disziplinen.) Wir möchten nicht, dass jemand denkt, wir wollten Professoren verletzen, die sich mit Archäologie, Geschichte, Literatur oder ähnlich unschuldigen Dingen beschäftigen. Die Leute, hinter denen wir her sind, sind Naturwissenschaftler und Ingenieure, vor allem diejenigen in Schlüsseldisziplinen wie Informationstechnik und Genetik.«[11] Die Anschläge sollten die Gesellschaft destabilisieren und letzten Endes zur »Vernichtung des weltweiten industriellen Systems führen«.[12]

Es war ein langer Brief. Der Unabomber enthüllte den wirklichen Grund für die »Sprengung« von Thomas Mosser: nicht so sehr die Kampagne für Exxon, sondern dass er für ein Unternehmen arbeitete, das Techniken zur Manipulation öffentlicher Meinungen entwickelte. Mit einem bemerkenswertem Stolz für jemanden, der einen ausgeprägten Widerwillen gegen Technik hegt, erläuterte er, wie es ihm gelungen sei, immer mehr vernichtende Kraft in immer kleinere Bomben zu verpacken. Das Fragmentatierungsmaterial – Metallscherben – war tödlicher. Er kam mit weniger Batterien aus. Der Sprengstoff brauchte nicht mehr in ein Röhrchen gesteckt zu werden. Zukünftige Bomben würden ganze Gebäude vernichten können: »Wir sind ganz klar in der Position, großen Schaden anzurichten. Und es sieht nicht danach aus, als würde uns das FBI in absehbarer Zeit erwischen. *The FBI is a joke*.«[13] Auf der anderen Seite: So allmählich hätte er die Nase voll von der Bombenbauerei. Alle freien Abende und Wochenenden gingen dabei drauf, es sei nicht gerade angenehm, die ganze Zeit mit gefährlichen Mischungen umgehen zu müssen und an Explosionsmechanismen herumzufeilen. Deswegen habe er ein Angebot.

In den vergangenen siebzehn Jahren habe er nicht nur seine technischen Fähigkeiten verfeinert, sondern auch der Entwicklung seiner Ideen Aufmerksamkeit gewidmet. Die Zeit sei reif, sie nach außen zu tragen. Er habe einen Artikel fertig, den er gern in der *New York Times* oder einer anderen überregionalen Zeitung veröffentlicht sehen würde. Wenn man ihn publizierte, würde er von weiteren terroristischen Aktivitäten absehen, wenn nicht, würde er sich mit der nächsten Bombe beschäftigen. Dafür gebe es eine Bedenkzeit von drei Monaten.

Um die Diskussion ein wenig in die richtige Richtung zu lenken – und vielleicht auch, um dem FBI und seinem dürftigen »Etwas mit Holz«-Profil seine Machtlosigkeit vor Augen zu führen –, erhielt die *San Francisco Chronicle* einen Brief. Absender *F*rederick *B*enjamin *I*saac Wood, 549 Wood Street, Woodlake, Kalifornien, ließ wissen, dass innerhalb der nächsten sechs Tage eine von Los Angeles aus startende Linienmaschine in die Luft gesprengt würde. Einen Tag später erhielten die *New York Times* und die *Washington Post* ein Typoskript im Umfang von 35.000 Wörtern und dem Titel *Industrial society and its future*. Nach Rücksprache mit dem FBI und in der Hoffnung, der Text würde endlich einen Hinweis für die Fahndung liefern, begannen beide Zeitungen Mitte September mit der Veröffentlichung dessen, was als Unabomber-Manifest bekannt werden sollte.

Das Manifest – stakkatoartig in 232 nummerierte Absätze und 36 Anmerkungen geordnet – setzt historisch an: Die industrielle Revolution sei eine Katastrophe für die Menschheit gewesen. Die Lebenserwartung sei spektakulär gestiegen, aber auf Kosten der Natur, der Dritten Welt und der menschlichen Würde. Es sei eine Konterrevolution notwendig, und die müsse sich auf die Vernichtung des ökonomischen und technologischen Fundaments der heutigen Gesellschaft richten.

Dass wir in einer verwirrten Gesellschaft lebten – mit Überbevölkerung, Verfremdung und Verstädterung –, werde wohl niemand bezweifeln, so der Autor, aber die schlimmste Entartung sei nicht die gesellschaftliche Entwicklung, sondern ein besonderer Schlag von Menschen: die *leftists* oder die Linken. Linke seien »politisch korrekte Typen«, die sich mit den Rechten von Frauen, ethnischen Minderheiten, Homosexuellen und Behinderten beschäftigten. Sie selbst gehörten selten zur »unterdrückten« Gruppe: »Politische Korrektheit finde man vor allem unter Akademikern mit einer festen Anstellung und einem guten Gehalt, es seien überwiegend weiße, heterosexuelle Männer aus der Mittelklasse und höheren Mittelklasse.«[14] Philosophisch seien sie gegen Vorstellungen wie Vernunft, Wissenschaft und objektive Realität, alles sei kulturell relativ. Sie hätten eine Aversion gegen alles, was zu einer Hierarchie unter Menschen führe: IQ-Tests, psychiatrische Klassifikationen, genetische Erklärungen. Sie seien vehemente Kämpfer für die positive Diskriminierung von Minderheiten, nicht, weil sie sich wirklich für diese Minderheiten interessierten, sondern weil dies ihrer Aggression ein Ventil böte.

Weil unsere heutigen Lebensumstände im Wider-
streit zu jenen stünden, die in unserer evolutionären Geschichte galten, seien wir auf der Jagd nach Ersatzzielen, deren wichtigste Wissenschaft und Technik
seien. Dies führe zu einem viel zu hohen Tempo tech-
nologischer Veränderungen. Auch Konservative seien
zu dumm, dies zu durchschauen:»Konservative sind
Narren. Sie jammern über den Untergang traditioneller Werte, während sie technologischen Fortschritt und
ökonomisches Wachstum begrüßen. Offenbar ist ihnen
nicht bewusst, dass es ohne schnelle Veränderungen
aller anderen Aspekte der Gesellschaft keine schnellen, eingreifenden Veränderungen in der Technologie
und Ökonomie einer Gesellschaft geben kann und dass
diese schnellen Veränderungen unvermeidlich eine
Vernichtung traditioneller Werte mit sich bringen.«[15]
So würden kleinere Sozialverbände verloren gehen: die
Familie, das Dorf, der Stamm. Primitive Gesellschaften
seien da besser dran. Ausdrücklich:»primitiv«– das politisch korrekte»schriftlos« sei typisch links.

Zu dieser Torheit gehöre auch die materielle Gier
der Menschen:»Einem der Mitglieder von F. C. war vor
einigen Jahren ein Verkaufsmanager begegnet, der öffentlich eingestand, seine Arbeit bestünde darin, Menschen Dinge kaufen zu lassen, die sie nicht brauchten und nicht nötig hatten.«[16] Das mache niemanden
glücklicher, weshalb es auch so viele Menschen mit
einer »Identitätskrise« oder dem Bedürfnis nach
»Selbstverwirklichung« gebe. Diese Leere werde nie
mit Ersatzzielen wie Bodybuilding, Golfspielen oder

Briefmarkensammeln gefüllt werden können. Oder mit Wissenschaft. Man glaube nie einem Wissenschaftler, der behauptet, sein Fach aus »Neugier« zu betreiben: »Die meisten Wissenschaftler arbeiten an höchst spezialisierten Problemen, die unmöglich Gegenstand normaler Neugier sein könnten. Wären beispielsweise ein Astronom, ein Mathematiker oder ein Entomologe auf die Eigenschaften von Isopropyltrimethylmethan neugierig? Natürlich nicht. Dafür interessiert sich nur ein Chemiker, und das allein deswegen, weil Chemie sein Ersatzziel ist.«[17]

In historisch-philosophischen Betrachtungen erläutert der Unabomber, dass in der industriell-technologischen Gesellschaft die Einschränkung von Freiheit unvermeidlich sei, ebenso wie die Manipulation menschlichen Verhaltens oder die Tatsache, dass die Unterhaltungsindustrie für Ablenkung sorge, dass Kameras und Computer zur Kontrolle von Individuen eingesetzt würden, dass *genetic engineering* eine noch schnellere Methode sei, Menschen den Anforderungen des Systems anzupassen, und deswegen unvermeidlich in breitem Umfang benutzt werde. Technische Lösungen bekämen immer den Vorzug, wie sich jetzt schon an dem Umgang mit der epidemischen Zunahme der Anzahl von Menschen mit einer Depression zeige: »Statt die Umstände zu beseitigen, die unsere Gesellschaft depressiv machen, verteilt unsere Gesellschaft Antidepressiva.«[18] Dank der Psychopharmaka könnten Menschen unter Bedingungen funktionieren, die sie normalerweise unerträglich fänden.

Die zunehmende Abhängigkeit von der Technologie sei ein schleichender Prozess, weil sich jede technische Neuerung anfangs als eine Möglichkeit präsentiere, die zunächst die Handlungsfreiheit erweitert und für deren Nutzung man sich entscheiden könne. Bei der Einführung des Autos habe, wer wollte, einfach auch weiterhin zu Fuß gehen können. Aber je mehr Autos es gegeben habe, desto höher seien die verwaltungstechnischen und infrastrukturellen Zwänge geworden: Verkehrsregelungen, Führerscheine, Pflichtuntersuchungen, Versicherungen, Ampeln. Städte seien so gestaltet worden, dass auch Fußgänger keine andere Wahl hätten, als Autos oder den öffentlichen Nahverkehr zu nutzen. Was als Möglichkeit begonnen habe, sei zum Zwang geworden.

In der Bildung geschehe das Gleiche. Wenn Eltern den Entschluss fassten, ihr Kind zu einem *Sylvan Learning Center* zu schicken, einem Institut für Hausaufgabenbegleitung und Examenstraining, sind sie davon überzeugt, dies geschehe zum Wohl des Kindes. Aber haben sie überhaupt eine andere Wahl? »Vielleicht würden es manche Eltern lieber sehen, wenn ihr Kind kein Spezialtraining benötigt, um eine Stelle zu finden, und sich keiner Gehirnwäsche zum Computer-Nerd unterziehen muss. Aber was sollen sie machen? Sie können die Gesellschaft nicht verändern, und sehr wahrscheinlich würde ihr Kind ohne bestimmte Fähigkeiten sonst arbeitslos. Also schicken sie es zu *Sylvan*.«[19]

Aber Kindern geschehe noch Schlimmeres. Die Gesellschaft sozialisiere sie, indem sie dafür sorge, dass sie sich schämen, wenn sie etwas tun oder sagen, das im Widerspruch zu den Erwartungen der Gesellschaft steht. Wenn dies »mit viel Druck geschieht oder wenn ein Kind besonders sensibel auf solche Ansprüche reagiert, endet es damit, dass es sich vor SICH SELBST schämt«.[20] Solche Sozialisierungsprozesse gehörten, so das Manifest, zu den schlimmsten Grausamkeiten, die sich Menschen gegenseitig antun.

So wie die Französische und die Russische Revolution die bestehenden gesellschaftlichen Verhältnisse vernichteten, müsse die industrielle Gesellschaft weltweit vernichtet werden. Wenn es einmal so weit sei, müssten »die Überreste kaputt gemacht werden, *beyond repair,* damit sich das System nie mehr davon erholen kann. Fabriken müssen vernichtet, Technikbücher verbrannt werden etc.«.[21] An deren Stelle müsse »Natur, WILDE Natur« treten, in der sich die Menschen wieder selbst ernähren, indem sie Bauern, Hirten, Fischer oder Jäger werden. Die Eliminierung der industriellen Gesellschaft werde unvermeidlich auch Nachteile haben, aber manchmal müsse man etwas opfern, um etwas anderes zu gewinnen, »es sei eben entweder – oder«.[22]

Der Refrain des Manifests lautet: Technologie habe bereits mit Beginn der industriellen Revolution mehr Probleme verursacht als gelöst, technologische Neuerungen hätten schleichend die Welt verschwinden lassen, in der man noch eine echte Wahl hatte, Freiheit und Würde erführen immer weitere Begrenzungen. Um auf Ideen wie diese aufmerksam zu machen, so das Manifest, reiche die Veröffentlichung in einem Buch oder im Internet nicht aus. Wenn F. C. nie Gewalt angewendet hätte, wären die Gruppe und ihre Ideale unbemerkt geblieben. »Um unsere Botschaft an das Publikum heranzutragen und wirklich Eindruck zu hinterlassen, mussten wir Menschen töten.«[23]

Cake

Nach der Veröffentlichung des Manifests verpuffte der Gedanke, hier sei ein entlassener Flugzeugbauer oder jemand mit höchstens mittlerem Schulabschluss am Werk. Stil, Komposition und die Verweise auf kultur-historische Monografien und Fachzeitschriften leg-ten einen Autor mit akademischem Hintergrund nahe. Auch die anfängliche Vermutung, er käme aus dem na-turwissenschaftlichen Bereich, schien bei näherer Be-trachtung weniger wahrscheinlich. Jetzt dachte man eher an jemanden, der Soziologie oder Anthropologie studiert und dabei eine Aversion gegen linke Relativi-sten entwickelt hatte. Der Text enthielt Argumente aus der Antipsychiatrie und des Club of Rome, aber auch aus konventioneller Technologiekritik, er enthielt zu-dem Anspielungen auf die Ludditen, die zu Beginn des neunzehnten Jahrhunderts Webmaschinen vernichtet hatten, um ihr Handwerk zu schützen.

Die Hoffnung des FBI, jemand würde in den The-men oder Formulierungen des Manifests etwas er-kennen, erfüllte sich in großem Umfang. Kein Wunder: Viele der Behauptungen kursierten schon seit den Sechzigerjahren in allerlei Variationen in Veröffentlichungen über die Medikalisierung und Technologisierung der Gesellschaft. Im ersten Monat nach der Veröffentlichung erreichten das FBI mehr als tausend Hinweise täglich. Kein einziger verwies allerdings auf den Mann, der später als der Unabomber identifiziert werden sollte.

Ungefähr einen Monat nach Abdruck des Manifests – das FBI tappte immer noch im Dunkeln – entstand bei einigen Familienangehörigen von Ted Kaczynski ein banger Verdacht. Als Erstes bei Teds Schwägerin Linda Patrik. Sie war mit David Kaczynski verheiratet, dem sieben Jahre jüngeren Bruder. Die Ideen des Unabombers erinnerten sie an seinen »screwy brother«, erklärte sie ihrem Mann, an seinen übergeschnappten Bruder.[24] Ob er das Manifest vielleicht einmal lesen wolle? Als David es im Internet gelesen hatte, fand er zu seinem Entsetzen Wendungen darin, die ihm nur allzu vertraut waren: Er kannte sie aus Teds Briefen. Vor allem ein Satz jagte ihm kalte Schauder über den Rücken. Paragraf 185 endet mit der Feststellung, die Vernichtung der Technik bedeute auch, sich von ihren Vorteilen zu verabschieden, aber manchmal müsse man etwas opfern, um etwas Besseres zu bekommen: »es sei eben entweder oder«, auf Englisch »You can't eat your cake and have it too.« David erkannte den Spruch ihrer Mutter, den Ted übernommen hatte. Als er bemerkte, dass manche Sätze im Manifest wortwörtlich mit Sätzen aus alten Briefen seines Bruders an ihn übereinstimmten, ja sogar hinsichtlich der Hervorhebung einzelner Worte durch Großbuchstaben, wurde sein Verdacht zur schrecklichen Gewissheit.

Einst hatten die Brüder eine sehr enge Beziehung. Ted war am 22. Mai 1942 in Evergreen Park, Illinois, geboren. Vater Richard arbeitete in einer Wurstfabrik. Mutter Wanda war Lehrerin, blieb aber zu Hause, um Ted und David zu erziehen. Wanda machte sich oft Gedanken, weil Ted so introvertiert war. Er hatte kaum Freunde und spielte am liebsten allein. Offenbar war er ein hochbegabter Schüler. Mit sechs Jahren machte man mit ihm einen IQ-Test, und das Ergebnis lag zwischen 160 und 170. In der Grundschule übersprang er eine Klasse, was ihn noch weiter von den Klassenkameraden isolierte. Er wurde gehänselt und vertraute lediglich seinem kleinen Bruder Dave. Auf der weiterführenden Schule übersprang Ted erneut eine Klasse. Mit sechzehn bekam er die Zulassung zur mathematischen Fakultät von Harvard. Nach seiner Promotion nahm er eine Dozentenstelle an der sehr angesehenen Mathematikfakultät von Berkeley an.

Richard und Wanda Kaczynski waren Kinder polnischer Immigranten. Sie hofften, ihren Söhnen würde es durch Bildung einmal besser als ihnen selbst gehen. Aber sowohl Ted als auch David hegten einen ganz anderen amerikanischen Traum, den des *living off the land.* Sie wollten von dem leben, was sie durch Anpflanzen, Jagen oder einfachen Tauschhandel erwirtschaften konnten. David hatte in den Achtzigerjahren eine Weile als Einsiedler in einem mit Wellblech überdach-

ten Loch in einer abgelegenen Gegend von Texas ge-
wohnt, dies jedoch 1990 beendet. Er rasierte sich den
Bart ab, reiste zurück in die bewohnte Welt und heiratete Linda. Ted hatte sich schon viel früher aus der
Gesellschaft zurückgezogen. 1969 ließ er seinen Dekan
in Berkeley wissen, er wolle das mit der Mathematik
nicht weitermachen, und reichte – für alle unerwartet – seine Kündigung ein. 1971 kaufte er eine Parzelle
etwa sechs Kilometer entfernt von der Ortschaft Lincoln. Dort baute er eine Blockhütte von drei auf vier
Metern. Es gab weder Elektrizität noch fließendes Wasser. Was er brauchte, schöpfte er aus dem nahe gelegenen Poorman's Creek. Hinter der Hütte erstreckten
sich die wildreichen Wälder der Scapegoat Wilderness.
Als die Hütte erst einmal gebaut war, kam er nur noch
selten unter die Leute, ganz sporadisch ließ er sich in
Lincoln zu Einkäufen blicken oder wenn er etwas in
der Bibliothek nachlas.

Davids Entscheidung, zu heiraten und eine Stelle
zu suchen, hatte Ted als Verrat aufgefasst. Er habe vor
»dem System« kapituliert. Das Verhältnis zu David,
aber auch zum Rest der Familie verschlechterte sich
rapide. Er wollte keine Familienbesuche mehr. Briefe
blieben unbeantwortet oder kamen – mit korrigier-
ten Rechtschreibfehlern – zurück. Er hatte ihnen ein-
geschärft, einen roten Strich unter die Briefmarke zu
setzen, wenn etwas Wichtiges im Brief stünde, sonst
würde er ihn sofort zerreißen. Als Vater Richard Lun-
genkrebs bekam, erhielt Ted einen Brief mit einem
Strich. Wütend schrieb er zurück, es gäbe keinerlei

Grund für diesen Strich. Als sich Richard das Leben nahm, kam Ted nicht zum Begräbnis. Ihren letzten Kontakt hatten Ted und David im Jahr 1990.

Im Herbst 1995 bewegte sich David wochenlang in einem inneren Zwiespalt. Wenn Ted wirklich der Unabomber war – und daran konnte kaum Zweifel bestehen –, wäre David für mögliche neue Opfer mitverantwortlich. Er könnte auch strafrechtlich verfolgt werden, weil er Beweismaterial zurückgehalten hatte. Auf der anderen Seite: Ted könnte für diese Anschläge zum Tode verurteilt werden. David schrieb Ted zunächst einen Brief, wieder mit einem roten Strich, um sich selbst zu einem Treffen einzuladen. Er bekam einen Brief zurück, er und die »gesamte Stinkfamilie« solle sich endlich verpissen und danach, in Großbuchstaben, »ICH WILL NIE WIEDER ETWAS VON DIR SEHEN ODER HÖREN, GENAUSO WENIG WIE VON SONST IRGENDEINEM FAMILIENMITGLIED«.[25]

Mit der größten Umsicht, über Zwischenpersonen und Rechtsanwälte, kam es im Februar 1996 schließlich zum ersten Kontakt mit dem FBI. David hatte gehofft, im Austausch für die Herausgabe von Informationen die Bedingung stellen zu können, Ted nicht zum Tode zu verurteilen, aber das FBI machte ihm klar, dass darüber nur der Richter entscheiden könne. Danach entwickelten sich die Dinge schnell. Mitte März bekam David die Erlaubnis, seine Mutter selbst über den Verdacht zu informieren. Nachdem die Hütte einige Tage unter Beobachtung gestanden hatte, lockte der örtliche Förster, ein Bekannter Kaczynskis, Ted am 3. April heraus und er wurde verhaftet. Die ersten Fotos zeigen einen verwilderten, mageren Mann in abgerissener Kleidung. Sein Polizeifoto sollte später Kultstatus erlangen.

In der darauf folgenden Woche wurden in der Hütte etwa siebenhundert Beweisstücke sichergestellt, darunter das Original des Manifests und ein minutiöses Logbuch über die Anschläge in einem Code, der schwierig zu entziffern gewesen wäre, hätte der Schlüssel nicht gleich danebengelegen. Kaczynski muss sich vollkommen sicher gefühlt haben. Das FBI fand auch eine neue Bombe, die so gut wie fertig war. David hatte zu Recht mit neuen Anschlägen gerechnet: Dort lag auch eine Trefferliste mit Namen von Menschen, die in der Biogenetik und in der Holzindustrie tätig waren. Die eine Million Dollar, die auf den Kopf seines Bruders ausgesetzt waren, spendete David einer Stiftung für die Angehörigen der Opfer.

Schizophren in Remission

Nach Kaczynskis Verhaftung schwärmten Journalistenteams zu den Orten und Etappen seines Lebens aus: sein früheres Wohnviertel, die Schulen, die er besucht hatte, das Studium in Harvard, die Dozentur an der Universität von Berkeley, seine langen Jahre in der Wildnis von Montana. Sie sprachen mit ehemaligen Nachbarn und Lehrern, Mitschülern und Kommilitonen, Dozenten und Kollegen. Die Porträts des

Unabombers, die schon innerhalb weniger Wochen in verschiedenen Medien erschienen, bekamen Titel wie »mad genius« oder »tortured genius« – immer im Tenor, es mit einem ehemaligen Wunderkind zu tun zu haben, gesegnet mit einem brillanten Intellekt, aber entgleist, gekentert, gestrandet. Die Verbindung zwischen seiner Begabung in der reinen Mathematik, einem Bereich, in dem nur einige wenige ihm hätten folgen können, und dem kalkulierten Charakter seiner Verbrechen wurde stark betont. Die ersten psychologischen Gutachten zitierten das alte Bild des schmalen Grads zwischen Genie und Wahnsinn und sahen in Ted Kaczynski bisweilen die Personifizierung gewisser Comicfiguren: das böse Genie mit einem Doktortitel.

Unterdessen begann die Familie Kaczynski eine eigene Kampagne. Angesichts der gerechtfertigten Befürchtung, dass Ted die Todesstrafe bekommen würde, präsentierten seine Mutter und sein Bruder ihn in Interviews, unter anderem mit der *New York Times,* der *Washington Post, CBS* und *CNN,* als jemanden, der nicht zurechnungsfähig sei. Wanda erzählte eine dramatische Geschichte: Ted sei ein sehr anhängliches Baby gewesen, doch nach einer heftigen allergischen Reaktion auf Medikamente habe er mit neun Monaten ins Krankenhaus aufgenommen werden müssen. Wieder zu Hause, schien es, als könne sie keinen Kontakt mehr zu ihm aufbauen, er habe sich verschlossen und wollte nicht mehr liebkost werden. Von dem Moment an sei er extrem einzelgängerisch geworden. Sie sagte, sie habe damals sogar erwogen, ihn für eine Studie über

Autismus anzumelden, die der Psychologe Bruno Bettelheim an der Universität Chicago durchführte. Dazu sei es jedoch nicht gekommen. Sie hätte sich mit Tipps aus einem Gesundheitsbuch von Dr. Spock beholfen. Auch David beschwor das Bild von Ted als einem Mann herauf, der schon in früher Jugend alle Luken dichtgemacht habe und für den normalen menschlichen Umgang unerreichbar gewesen sei.

Kaczynskis Rechtsanwälten waren diese Geschichten willkommen. Sie zielten in ihrer Verteidigung auf einen Freispruch wegen geistiger Verwirrung ab und luden ein halbes Dutzend Psychiater, klinische Psychologen und Neuropsychologen ein, mit Kaczynski zu sprechen. Er hatte zugestimmt, aber seine Absichten waren denen seiner Anwälte vollkommen entgegengesetzt. Er wollte beweisen, dass er geistig vollkommen in Ordnung sei. Sobald sich das Gespräch in Richtung einer Störung bewegte, warf Kaczynski die Fachleute aus dem Raum. Dennoch schlussfolgerten vier von ihnen, er leide an Schizophrenie, und zwar einer paranoiden Ausprägung. Im Denken und Erleben Kaczynskis wies vieles darauf hin: Die Wahnvorstellung, er müsse die Welt vor der Technologisierung retten, indem er Attentate beging; seine Verwahrlosung; die fehlenden Sozialkontakte. Dass er selbst glaubte, ihm fehle nichts, wurde ohne weitere Umstände den Symptomen zugerechnet: So denken sehr viele schizophrene Patienten über sich selbst, ein Symptom, das »Anosognosie« genannt wird. Im Prozess wurde erwähnt, dass bei etwa achtzig Prozent aller Menschen mit Schizophrenie eine

solche Leugnung oder ein gestörtes Krankheitsbe-
wusstsein vorliegen.[26]

Aber Kaczynski wollte nicht als »sickie« betrachtet
werden. Nach eigener Aussage hätte er lieber die Todesstrafe bekommen als lebenslang in der Forensischen
zu sitzen.[27] Der Konflikt mit seinen Anwälten steigerte
sich so sehr, dass er verlangte, seine Verteidigung selbst
übernehmen zu dürfen. Der Richter stimmte zu, unter der Voraussetzung, dass er sich von einem Psychiater untersuchen ließe, ob er geistig dazu in der Lage sei.

Sally Johnson führte mit ihm eine Reihe von Gesprächen. Ihr wurden seine Tagebücher zur Verfügung
gestellt, die Ted schon seit 1960 geführt hatte, und sie
sprach auch mit seiner Mutter und seinem Bruder.
Wanda beschrieb die Familienbande als eng und liebevoll. Ted sei ein zurückgezogenes Kind gewesen, vor allem seit dem traumatischen Krankenhausaufenthalt.
Sie erzählte, er habe »neben anderen Kindern gespielt
statt mit ihnen«.[28] Ted konnte aus dem Nichts heraus
über relativ unbedeutende Zwischenfälle wahnsinnig
wütend werden. Als Beispiel gab sie an, sie habe Ted
und David einmal angebrüllt, ihre schmutzigen So-
cken in den Wäschekorb zu werfen. Zwanzig Jahre später habe sich herausgestellt, dass er ihr diesen Vorfall
noch immer nachtrug: Sie hatte einen Brief erhalten,
in dem er ihr zornig die Leviten las und schrieb, es sei
vollkommen normal, dass Jugendliche chaotische Zimmer hätten. In Briefen nach Hause habe er sich maßlos
detailliert über alles geäußert, was man ihm angetan
habe, und fast immer habe es sich ihrer Meinung nach

dabei um Dinge gehandelt, die andere für Kleinigkeiten gehalten hätten.

Johnson sprach insgesamt zweiundzwanzig Stunden mit Ted Kaczynski. Er berichtete, als Kind habe er sich verbal und emotional misshandelt gefühlt, auch wenn ihm das erst in seinen Zwanzigern bewusst geworden sei. Oft kam er auf das Überspringen der Klassen zurück, dies habe ihn isoliert und zur Zielscheibe von Schikanen gemacht. Johnson bekam auch zwei autobiografische Texte ausgehändigt, einen kurzen aus dem Jahr 1959, als Kaczynski siebzehn Jahre alt war und gerade sein Studium in Harvard aufgenommen hatte, und einen viel längeren aus dem Jahr 1979. Im ersten Text urteilt er noch freundlich über seine Eltern, sie seien nachgiebig und »äußerst liebevoll«, aber auch da kam er auf das Überspringen der Klassen zu sprechen. Er hatte zu dieser Zeit einen einzigen Freund, »einen ziemlich langweiligen Kerl mit einer durchschnittlichen Intelligenz und nicht sonderlich interessant«.[29] Zwanzig Jahre später spricht aus seiner 216 Seiten umfassenden Autobiografie Wut darüber, was man ihm als Kind und Jugendlicher angetan habe. Er habe sich lediglich wegen seiner intellektuellen Begabung geschätzt gefühlt, alles sei darauf ausgerichtet gewesen, ihn an eine angesehene Universität zu bringen und so den Status der Familie zu verbessern. Er sei nicht mehr als ein Instrument gewesen.

Johnson ging sein Leben mit ihm durch. In Harvard hatte er keine Freunde gefunden, und bei der Fortsetzung seines Studiums an der Universität von Michigan war es ihm auch nicht gelungen. In dieser Zeit hegte er intensive Rachefantasien. Er hatte das Gefühl, wirklich jemanden töten zu können. Anfang der Siebzigerjahre schrieb er einen Essay als Reaktion auf *The technological society* (1964) des französischen Technikphilosophen Jacques Ellul. So gut wie alles, was 1995 im Manifest zu lesen war, war bereits dort zu finden. In dieser Zeit nahm er sich vor, ein paar Jahre arbeiten zu gehen, um Geld zu verdienen, um sich dann zurückzuziehen und als Selbstversorger zu leben. Aus dem Jahr 1971 stammte auch schon der Plan, jemanden aus der Wissenschaft zu ermorden.

Seine Frauenbeziehungen waren problematisch. Einmal hatte er ein paar Verabredungen mit einer Frau, aber sie wollte sich nicht weiter mit ihm treffen. Das hatte ihn zornig gemacht. Er habe sie niederstechen wollen, hätte eine Zeit lang auf sie gewartet, aber im letzten Moment davon abgesehen. Der schwierige Umgang mit Frauen war für ihn nicht nur ein emotionales, sondern auch ein intellektuelles Problem. Mit fünfzehn hatte ihm eine weibliche Bekannte der Familie gesagt, er sehe gut aus, vor allem seine Augen seien schön. Daran habe er sich immer festgehalten und einfach nicht verstanden, weshalb es ihm nicht gelang, eine Beziehung aufzubauen. 1994 – er war mittlerweile zweiundfünfzig – habe er eine Frau gefragt, ob er gut aussehe. »Normal, durchschnittlich«, habe sie geantwortet.[30] Damit war für ihn ein Rätsel gelöst, das sich ihm fast vierzig Jahre gestellt habe. Es gab ihm eine gewisse Gemütsruhe.

Die Einzige, die Johnson gegenüber mit einer gewissen Zuneigung von Kaczynski sprach, war Sherry Woods, die ihn als Bibliothekarin dreizehn Jahre lang erlebt und von allen Einwohnern Lincolns noch am meisten Kontakt mit ihm gehabt hatte. Sie fand seine Erscheinung manchmal etwas furchterregend, aber ihr gegenüber habe er sich immer extrem höflich und ruhig verhalten. Woods hatte häufig mit ihm über seine gesellschaftlichen Ideen diskutiert. Sie bewunderte ihn für seinen Lebensstil, der so kompromisslos zu seinen Auffassungen passte. Er sei sehr freundlich mit ihrem kleinen Sohn umgegangen, vielleicht, so dachte sie, weil Kaczynski in ihm etwas von sich selbst als Kind erkannte. Er hätte ihm zweimal einen Klaps auf die Schulter gegeben, der einzige physische Kontakt, den sie bei ihm in den dreizehn Jahren beobachtet habe. Im letzten Jahr habe sie angefangen, sich um ihn zu sorgen: Er habe angespannt und ungepflegt gewirkt.

Kaczynski, bemerkte Johnson, sei extrem schnell gekränkt. Schon das Ausbleiben positiver Bestätigung fasste er als Kritik auf. Wenn er erzählte, schoss eine wahre Sturzflut an Einzelheiten aus ihm heraus, gleichzeitig hatte er aber auch ein starkes Bedürfnis, diese so ordentlich wie möglich zu präsentieren. Er war ausgesprochen argwöhnisch. Wenn er bemerkte, dass sich in seiner Nähe zwei Männer unterhielten, war er davon überzeugt, sie würden über ihn reden. Johnson hielt ihn auch für besonders nachtragend. Im Gefängnis hatte er vier Monate damit verbracht, ein feindseliges und beschuldigendes Dokument über seine Familie zu fertigen, »um die Sache einmal richtigzustellen«, und verfasste späterhin noch ein ähnliches Dokument über seinen Bruder.[31] Sie schlussfolgerte, dass Kaczynski zwei dominierende Überzeugungen hatte: Die eine bestand darin, dass er von der modernen Technologie verfolgt und gehetzt werde und sich vollkommen zu Recht dagegen wehre. Die andere lautete, er sei in seiner Jugend von seiner eigenen Familie emotional geschädigt worden und seine intensive Wut darüber sei absolut berechtigt. Seine Frustration und Aggression wurden von diesen beiden Überzeugungen abwechselnd genährt und verstärkten sich gegenseitig.

Genau wie die vier vorhergehenden forensischen Sachverständigen, die mit Kaczynski gesprochen hatten, stellte Johnson die Diagnose Schizophrenie mit paranoiden Zügen. Er habe schon früh die Wahnvorstellung entwickelt, er werde von der modernen Technologie beherrscht, und dazu habe sich die Wahnvorstellung über seine Familie gesellt. Dass die Technologie und seine Familie es auf ihn abgesehen hätten, ihn sozusagen verfolgten, beweise seine Paranoia. Seine Ergebnisse bei Persönlichkeitstests verwiesen auf psychotische Störungen, die zur Zeit des Tests »in Remission« waren, dem medizinischen Begriff für ein vorübergehendes Nachlassen oder die Abwesenheit von Krankheitserscheinungen. Angesichts dieser Remission sei Kaczynski ihrer Ansicht nach doch in der Lage, sich selbst zu verteidigen. Zu diesem Zeitpunkt sei er nicht desorientiert oder psychotisch, es gebe keine Halluzinationen oder Denkstörungen, auch wenn er durchaus »seltsame Gedanken hat, merkwürdige Wahrnehmungen und das Gefühl von Isolation und Entfremdung«.[32]

Autist? Psychopath? Narzisst?

Aber vielleicht enthielt Johnsons Gutachten selbst ja auch ein paar seltsame Gedanken und merkwürdige Wahrnehmungen. Nirgends in dem fünfzigseitigen Bericht fallen die Begriffe »Autismus« oder »Asperger-Syndrom«, ein Leiden am »milden« Ende des Autismusspektrums. Trotzdem muss ihr diese alternative Diagnose durch den Kopf gegangen sein, denn sie notiert eine Handvoll Beobachtungen, die eigentlich mit Autismus in Verbindung gebracht werden. Wiederholt nennt sie seine übermäßige Konzentration auf Einzelheiten und den Drang, sie in einer ganz bestimmten Reihenfolge zu präsentieren. Er stecke exzessiv viel Zeit in strafregisterähnliche Dokumente über seine Mutter und seinen Bruder. Er reagiere überempfindlich auf Lärm. Sie schreibt über seine Unfähigkeit, soziale Gesten zu deuten. Obwohl er in den Gesprächen hin und wieder einen gewissen Humor zeige, sei auffällig gewesen, dass er eine neckende Bemerkung nicht als solche einsortieren könne. Er neige dazu, Behauptungen konkret aufzufassen, auch wenn sie bildhaft gemeint waren. Sozialkontakte unterhielte er kaum. Er habe gehofft, eine Frau zu finden, schien aber schlichtweg nicht über die sozialen Fähigkeiten zu verfügen, romantische Kontakte zu etablieren. Bei solchen Beobachtungen ist es sonderbar, dass Johnson nicht darlegt, weshalb die Diagnose Asperger-Syndrom nicht in Betracht kam.

Weil Kaczynski beschloss, sich zu fügen, unterblieb eine nähere psychiatrische Untersuchung, aber das bedeutete nicht das Ende der Diskussion über seinen Geisteszustand. 2003 schrieben Arturo Silva und einige Kollegen in einer führenden forensisch-psychiatrischen Zeitschrift, Sally Johnson habe die falsche Diagnose gestellt.[33] Kaczynski sei weder schizophren noch paranoid, vielmehr autistisch.

Silva und seine Kollegen bekamen keinen Zugang zu Kaczynski. Sie mussten ihre Diagnose anhand öffentlich zugänglichen Materials stellen, wie Gerichtsgutachten, Interviews mit Angehörigen, dem Manifest, freigegebener Korrespondenz, Fragmenten aus Tagebüchern und Johnsons Gutachten. Doch das war kein Problem, sondern eher eine erlesene Chance, den »retrospective single case approach« anzuwenden, wie Silva es schon bei einigen berüchtigten amerikanischen Serienmördern getan hatte. Nach dem seinerzeit aktuellen DSM-IV, dem Diagnostic and Statistical Manual of Mental Disorders, kam die Diagnose Asperger-Syndrom nur infrage, wenn die Diagnose Schizophrenie ausgeschlossen wurde. Die Autoren stimmten mit Johnson überein, dass Kaczynski zwei dominierende Überzeugungen hege. Aber sie bestritten, dass es sich dabei um *Wahnvorstellungen* handelte. Das seien einfach seine Auffassungen. Seine Vorstellungen über die zunehmende Technologisierung der Gesellschaft und ihren Einfluss auf die Freiheit und Würde des Individuums teilten Tausende von Menschen, die geistig vollkommen klar seien. Dass er glaube, seine sozialen Probleme als Erwachsener seien die Folge emotionaler Misshandlungen als Kind, könne man ebenso wenig als pathologischen Wahn bezeichnen. Einen anderen Autor zitierend, stellten sie fest: »Das bekommen unzählige Psychiater in ganz Amerika tagein, tagaus zu hören.«[34] Die Tatsache, dass Kaczynski dies wahrscheinlich vollkommen falsch sehe, mache es noch lange nicht zu einem Wahn. Vielleicht liege sein Irrtum gerade darin, dass er seine sozialen Unzulänglichkeiten seiner Erziehung zuschrieb, während man in Wirklichkeit von »angeborenen biologischen Einschränkungen« sprechen müsse.[35] Der Rückzug aus den sozialen Kontakten habe außerdem schon begonnen, als er noch sehr jung war, zu früh für eine Schizophreniediagnose.

Für eine Störung im Autismusspektrum hingegen gebe es sehr viele Hinweise. Sie erwähnen die Bemerkungen von Mutter Wanda zum Spielen *neben* statt *mit* anderen Kindern und ihren Zweifel darüber, ob sie ihn nicht vielleicht besser bei Bettelheims Programm hätte anmelden sollen. In das Autismusprofil passe auch, dass sein Unterricht an der Uni als schlecht beurteilt wurde, »wahrscheinlich, weil er wenig Empathie für seine Studenten hatte«.[36] Er hatte eine Aversion dagegen, angefasst zu werden. Dass er sich ausgerechnet zur Mathematik hingezogen fühlte, erstaunte die Autoren gar nicht: Das sei nun einmal ein Fach, »das sich für intensive, repetitive, extrem konzentrierte und einsame Ausübung eigne«.[37] Seine Konzentration auf die Anti-Technologie-Kampagne habe denselben monomanen, fixierten Charakter.

Auch seine schwierigen Beziehungen zu Frauen seien ein Hinweis auf Autismus. Ausführlicher als Johnson beschreiben die Autoren, wie er einmal von einer Frau abgewiesen wurde. 1978, als er eine Zeit lang in einer Schaumgummifabrik arbeitete, habe er versucht, mit einer Kollegin anzubandeln.[38] Einmal sind sie in einem Vorortrestaurant zusammen essen gegangen und zwei Wochen später haben sie gemeinsam Äpfel gepflückt. Danach habe sie ihm mitgeteilt, sie wolle es hierbei belassen. Das kam bei Kaczynski schlecht an. Offenbar hatte er sich ernsthaft in ihrer Beziehung getäuscht. Er schrieb beleidigende Limericks über sie und hängte sie überall in der Fabrik auf. Seinem Bruder David, damals sein Chef, sei nichts anderes übriggeblieben, als ihn zu entlassen. Eine Kardiologin, die ihn 1991 einige Male wegen Herzrhythmusstörungen untersucht hatte, bekam einen Brief von ihm an ihre Privatadresse, ob sie einmal mit ihm essen gehen wolle. Er schien wenig Gespür dafür zu haben, was zur Beziehungsaufnahme angemessen war.

Die beiden wichtigsten diagnostischen Kriterien für das Asperger-Syndrom sind nach dem DSM-IV »schwere und anhaltende Beeinträchtigung in der sozialen Interaktion« sowie »die Entwicklung von restriktiven, repetitiven Verhaltensmustern, Interessen und Aktivitäten«.[39] Im Anschluss sind die beiden Kriterien wiederum in einer Liste durch vier konkrete Verhaltensweisen oder Störungen spezifiziert. Wenn zwei oder mehr davon zutreffen, ist die Diagnose Asperger angemessen. Silva und seine Kollegen begannen, Kaczynskis Verhalten anhand des Schemas zu überprüfen.

Konnte man von Unfähigkeit sprechen, »seiner Entwicklung entsprechend Beziehungen zu Gleichaltrigen aufzubauen«? *Check.* Als Kind war er bereits ein Einzelgänger. Ein Nachbar hatte ihn als »ältlich« beschrieben, was die Autoren wieder an die ursprüngliche Beschreibung des Krankheitsbildes von Hans Asperger aus dem Jahr 1944 erinnerte, der die Jungen aus seinen Fallstudien als »kleine Professoren« bezeichnet hatte.[40] Auch mit Kommilitonen, Kollegen und später seinen Nachbarn in Lincoln hatte Kaczynski keine oder höchstens sehr oberflächliche Beziehungen unterhalten. Sein einziger »Freund« war ein mexikanischer Brieffreund, den er nie persönlich getroffen hatte.

Konnte man davon sprechen, dass »der soziale und emotionale Austausch fehlt«? *Check.* Kaczynski war nicht in der Lage, einen normalen Dialog zu führen. Er gab Monologe von sich. Sobald er merkte, dass der andere seine Auffassungen nicht teilte, beendete er das Gespräch. Er schien nicht wirklich daran interessiert, was andere beschäftigte.

Konnte die Rede sein von »der Entwicklung einer ausschließlichen und intensiven Beschäftigung mit einem eingegrenzten Thema oder Interesse« und

der Verfolgung dieser Interessen und Aktivitäten »mit
großer Intensität, oftmals unter Ausschluss anderer
Aktivitäten«? *Check.* Schon als Kind sei er ganz in der
Mathematik aufgegangen. Anlage und Interesse für
Mathematik an sich seien noch kein Hinweis auf Pa-
thologie, geben die Autoren zu, aber man müsse schon
sehen, dass Mathematiker im Durchschnitt beim Au-
tismusspektrum-Quotienten (AQ), einem Screening-
instrument für Autismus, ein hohes Ergebnis erzielten.[41] Sie haben den Test stellvertretend für Kaczynski
ausgefüllt. Etwa achtzig Prozent der Personen mit der
Diagnose Autismus liegen über 32 Punkten (50 ist das
Maximum). Das in Kaczynskis Namen erzielte Ergebnis von 40 Punkten »weist stark in die Richtung einer
Psychopathologie, die mit der autistischen Psychopathologie vereinbar ist«.[42] Seine Beschäftigung mit der
Technologisierung falle in dieselbe Kategorie. Die Auffassungen selbst seien nicht psychiatrisch verdächtig,
wohl jedoch die monomane und extrem konzentrierte
Art, wie er sich damit beschäftige.

Konnte schließlich die Rede sein von »der intensiven Beschäftigung mit Teilen von Objekten«? *Check.*
Die meisten Einzelteile seiner Bomben hatte er mit viel
Mühe eigenhändig gebaut, auch wenn er sie ohne Risiko fix und fertig hätte kaufen können. Er muss tatsächlich, wie er selbst schon schrieb, einen großen Teil
seiner Zeit damit verbracht haben, seine Bomben zu
präparieren. Und dass diese Bomben eine obsessive
Beschäftigung mit Holz verrieten, sei ein zusätzlicher
Hinweis auf Autismus. Nach diesem letzten Häkchen

auf der Checkliste gab es keinen Zweifel mehr: Kaczynski hatte das Asperger-Syndrom.

Dennoch bleibt der Fall des Unabombers rätselhaft, denn welche forensische Relevanz hatte diese Diagnose eigentlich? Als Erklärung für seine Attentate dient sie nicht wirklich: Menschen mit Asperger sind gerade *unter*repräsentiert in Verbrechensstatistiken, möglicherweise aufgrund ihrer Neigung zu Regeln und klaren Vorschriften.[43] Und worin besteht für die Autoren eigentlich der genaue Zusammenhang zwischen Kaczynskis Störung und seinen Verbrechen?

Ab diesem Punkt beginnen die Ausführungen von Silva und seinen Mitautoren an Transparenz zu verlieren. Ein erster Ansatz ist die Feststellung, dass die mit Asperger einhergehende mangelhafte Fähigkeit, sich in die Gedanken und Gefühle anderer hineinzuversetzen, bei Kaczynski dazu führte, dass er seine potenziellen Opfer nur in ihrer äußeren Funktion sah, unabhängig von einem eigenen individuellen Schicksal. Das machte es ihm leicht, sie zu verwunden beziehungsweise zu töten. Eine zweite Erklärung zielt darauf ab, dass seine aggressiven und gewalttätigen Tendenzen infolge seiner sozialen Isolation nicht korrigiert wurden. Der fehlende soziale Umgang verringerte die Wahrscheinlichkeit, dass andere ihn von seinen Plänen abhalten konnten. Dass Kaczynski kein Problem damit hatte, Individuen für seine politischen Auffassungen zu opfern, verwies – so eine dritte Erklärung – auf psychopathische Züge. In Kaczynskis Namen wurde erneut ein Test ausgefüllt, dieses Mal für das Screening von Psychopathen. Es wurden 19 Punkte erzielt. Obwohl das maximale Ergebnis bei 40 Punkten und die Schwelle, ab der man als Psychopath gilt, bei 30 liegt, fanden sie dieses Ergebnis doch recht hoch. Menschen ohne kriminelles Vorleben erzielen etwa fünf Punkte. Auch dass Kaczynski überhaupt keine Reue empfand, gab zu denken. Es folgten noch drei weitere Erklärungsversuche: Kaczynskis Hybris und seine herabsetzende Haltung gegenüber dem FBI würden auf eine narzisstische Persönlichkeitsstörung verweisen, so Silva. Aber auch die Möglichkeit einer antisozialen Persönlichkeitsstörung müsse in Betracht gezogen werden.

Am Ende dieser Odyssee durch das DSM scheint sich etwas in den Relationen zwischen all diesen verschiedenen Arten von Psychopathologie verschoben zu haben. Zu zeigen, dass Kaczynski das Asperger-Syndrom habe und dass diese Störung für seine Anschlagsserie verantwortlich sei, war *die Hypothese* der Analyse (und der Titel ihres Artikels). Aber das Ergebnis Silvas und seiner Kollegen scheint darin zu bestehen, dass seine Verbrechen auf die zusätzlich bestehenden psychiatrischen Störungen zurückzuführen sind, wie einer Neigung zur Psychopathie und antisozialen Tendenzen, und dass sich diese durch das fehlende soziale Netzwerk ungehemmt entwickeln konnten. Das Asperger-Syndrom habe eher etwas zugelassen als verursacht.

Mehr noch als in Sally Johnsons Gutachten, das als Sammlung von Notizen über Kaczynskis Hintergrund, Berichten, Gesprächen und Beobachtungen seines Verhaltens erstellt wurde, ist die Analyse Silvas und seiner Kollegen rhetorisch so gestaltet, dass es scheint, als würden »die Fakten sprechen«. Die Hinweise auf Testergebnisse und das Punkt-für-Punkt-Ausfüllen der DSM-Kriterien für das Asperger-Syndrom, die suggestive Übereinstimmung zwischen dem, was seine Mutter damals bereits vermutete, und dem, was jetzt bestätigt wurde, die Erwähnung, er sei nach Aussage des Nachbarn bereits als Kind ein wenig ältlich gewesen und wie das wiederum den »kleinen Professoren« von Hans Asperger ähnelte, das mangelnde Einfühlungsvermögen, seine außergewöhnliche Begabung für Mathematik als Heranwachsender, seine Besessenheit hinsichtlich allem, was ihm in seiner Jugend angetan worden sei, seine monomane Begründung der Bombenserie – all diese Informationen flossen wie in einem Trichter zu dieser einen Schlussfolgerung zusammen: Ted Kaczynski leidet am Asperger-Syndrom. Aber der Eindruck, dass es die Fakten selbst sind, die hier zu Wort kommen, trügt. Ein Teil des Effekts wird dadurch erzielt, dass Johnsons Beobachtungen selektiv benutzt werden. In derselben DSM-Liste, die in Kaczynskis Namen abgehakt wurde, steht »deutliche Störungen im nonverbalen Verhalten, wie beim Blickkontakt«. Der Artikel berichtet, darüber sei nichts bekannt, aber Johnson hatte geschrieben, sein Blickkontakt sei normal. Von »stereotypen und sich wiederholenden motorischen Manieriertheiten wie Flattern oder Drehen mit der Hand« war erst recht keine Rede. Neben diesen vier *checks* blieben also die entsprechenden Kästchen leer.

Aber es gibt noch eine andere Form von Selektivität – subtiler, verführerischer, gefährlicher.

Viele der »Fakten« in der Analyse bekommen erst *durch* die Diagnose eine Bedeutung. Dass Kaczynski als Kind vollkommen in der Mathematik aufging, bedeutet an sich überhaupt nichts, in jeder Klasse sitzen Kinder, die sich in einem einzigen Interessengebiet verlieren. Dass es ausgerechnet Mathematik war, wurde auch erst durch ihre Ergänzung, Mathematiker schnitten beim Autismus-Quotienten höher ab als andere, bedeutsam. Kaczynskis intensive Sorge über die Technologisierung und ihre fatalen Folgen für das Individuum und die Natur wurden erst zum Symptom, indem man sie als monoman und fixiert definierte. Dass er die Einzelteile seiner Bomben mit großer Präzision und Sorgfalt selbst präparierte, wandelte sich zu einem Symptom, indem man es als »intensive Beschäftigung mit Teilen von Objekten« auffasste. Die wirkliche Richtung weist in all diesen Fällen nicht von den Fakten zur Diagnose, sondern umgekehrt: Die Diagnose bestimmt die Auslegung der Fakten, ihre Interpretation und Bedeutung. Silva und seine Kollegen lassen nicht die Fakten sprechen, vielmehr erklären sie, was die Fakten zu erzählen haben.

Natürlich gilt dies genauso gut für die Diagnose Schizophrenie. Dass es keine Hinweise dafür gab, dass Kaczynski jemals eine Psychose durchlebt, Halluzinationen oder Episoden gestörten oder unverständlichen Sprachgebrauchs gehabt hatte, waren allesamt »entlastende Fakten« für die Diagnose Schizophrenie. Aber

Johnson beschloss, das als Hinweis dafür zu interpretieren, dass sich die Störung jetzt »in Remission« befinde, und deutete Kaczynskis Auffassungen über die Technologisierung der Gesellschaft und seinen Groll über seine Jugend danach als Wahnvorstellungen. Im Anschluss konnte sie die Diagnose Schizophrenie stellen und die Fakten schienen von Anfang an in diese Richtung gewiesen zu haben.

Harvard: Ratlosigkeit und Verzweiflung

Aber was, wenn *beide* Diagnosen unberechtigt waren? Wenn von gar keiner wie auch immer gearteten psychischen Störung die Rede sein kann?

Verschiedene Autoren – keine Psychiater – haben Kaczynskis Vergangenheit rekonstruiert. Sie beschreiben ihn als einen gequälten Mann, geistesgestört, rachsüchtig und gewalttätig. Das bedeutet jedoch nicht, dass er ein psychiatrischer Patient oder gar unzurechnungsfähig sei. Adam Magid, ein Jurist, fand, man könne seine Attentatsserie auch als das extreme Ergebnis eines an sich ganz normalen psychologischen Prozesses sehen.[44] Wenn es einem Menschen nicht mehr gelänge, seine Auffassungen, Handlungen, Ambitionen und Erlebnisse miteinander in Übereinstimmung zu bringen, entstehe eine innere Spannung, die der Sozialpsychologe Leon Festinger als »kognitive Dissonanz« bezeichnet hat. Das Unvermögen, diese Spannung zu reduzieren, könne zu intensiver Frustration führen. Einer der Mechanismen zum Abbau dieser Spannung sei »scapegoating«, die Suche nach einem Sündenbock, an dem man seine Aggression ausleben könne. Genau das sei laut Magid bei Kaczynski geschehen. Es gebe einschneidende Diskrepanzen zwischen seinem Selbstbild und seinen Bedürfnissen, seinen Idealen und der Realität seines Alltags. Offenbar habe er beschlossen, seine Aggressionen an den Handlangern von Handel und Industrie abzureagieren, den Technikern, den Ingenieuren, den Informatikprofessoren, den Genetikern. Sie seien Opfer der nicht mehr zu handhabenden Spannungen im Kopf eines vereinsamten, unendlich frustrierten Mannes in einer Blockhütte:

Kaczynski war ein trauriger, unglücklicher Mann, der nie in der Lage gewesen ist, sich in die Gesellschaft einzugliedern. Mit seinem natürlichen Bedürfnis nach sozialem Respekt und dessen Fehlen in seinem Leben ist es kein Wunder, dass er kognitive Dissonanzen verspürte; die schmerzliche Realität seines Leben war nicht mit dem zu vereinbaren, was er in sozialer Hinsicht brauchte. Er versuchte, die Spannung der kognitiven Dissonanz loszuwerden, indem er in der modernen Technologie einen Sündenbock fand. Der sozialen Einflüsse beraubt, die seine wütenden Fantasien im Zaum hätten halten können, nachdem er sich in Montana isoliert hatte, war er frei, sich seiner schmerzhaften kognitiven Dissonanzen zu entledigen, unter denen er sein ganzes Leben gelitten hatte, indem er auf gewalttätige Weise nach seinem Sündenbock ausholte.[45]

Kein Wunder, dass seine Nachbarn und Bekannten in Lincoln einstimmig der Ansicht waren, Kaczynski sei nicht verrückt. Schüchtern, sozial ungeschickt, reserviert vielleicht, sehr zurückgezogen, aber verrückt? Nein, das könnten sie nicht behaupten.[46] Nach Magid lagen die Psychiater vollkommen daneben. Jeder Anschlag des Unabombers sei ein rational durchdachtes und minutiös vorbereitetes Verbrechen gewesen, geplant von einem Menschen, der seine Opfer nach Kriterien ausgewählt hatte, die seiner persönlichen Ideologie entsprachen, und der sich dafür alle Zeit gelassen habe. Wenn es je einen »Vorsatz« gegeben habe, dann hier. Kaczynski käme nicht nur für die Todesstrafe in Betracht, er sei sogar »der ideale Kandidat« dafür.[47]

Aber der Todesstrafe war er entgangen, indem er ein vollständiges Geständnis abgelegt hatte. Das Urteil lautete: lebenslänglich. In gewisser Weise bekam er sogar Leben hinzu, denn nach seiner Verurteilung erschienen erneut Biografien über ihn. Chris Waits, der nicht weit entfernt wohnte, beschrieb die fünfundzwanzig Jahre, die Kaczynski in Lincoln verbracht hatte.[48] Ein Detail, das sich im Gedächtnis festhakt: Kein Hund in der Umgebung mochte Kaczysnki. Zum großen Pech der Hunde beruhte das auf Gegenseitigkeit. Allein Waits verlor im Laufe der Jahre schon sieben Hunde. Sie waren vergiftet, erstochen oder erschossen worden. Andere Hunde kamen mit menschlichem Kot beschmiert zurück. Der engagierte Naturschützer Kaczynski war sicherlich der Letzte, den man deswegen verdächtigt hätte. Erst als es nach seiner Verhaftung plötzlich keine ermordeten Hunde mehr gab und das FBI in seiner Hütte eine von Waits gestohlene Dose Rattengift fand, wurde klar, dass er es gewesen sein musste, der sich ihre Hunde vorgenommen hatte.[49] Genauso plötzlich war es mit einer Sabotageserie in der Umgebung seiner Blockhütte vorbei: zerschlagene Schneescooter, Stahldraht, der auf Kopfhöhe über Off-track-Routen für Crossmotorräder gespannt war, Zucker im Tank von Bulldozern, gestohlene Kettensägen. Alles, was Lärm machte, wurde sabotiert. Einmal hatte jemand aus dem Wald sogar auf Hubschrauber geschossen.

An manchen Biografien und Profilen arbeitete Kaczynski aus dem Gefängnis heraus mit, indem er den Autoren Rede und Antwort stand, seine Autobiografie *Truth vs Lies* zur Verfügung stellte oder ihre Briefe beantwortete. Die ausführlichste und subtilste Biografie schrieb ein Ideenhistoriker, Alston Chase, selbst ein Harvard-Alumnus. Er hatte dort Philosophie studiert, ein paar Jahre bevor Kaczynski sein Mathematikstudium aufnahm, und zum Teil dasselbe Curriculum durchlaufen. Auch er hatte sich desillusioniert aus der akademischen Welt zurückgezogen und dann – ein Jahr nach Kaczynski – die Verlassenheit von Montana gesucht.

Chase versuchte, so vollständig wie möglich die

Kräfte zu beschreiben, die auf Ted Kaczynski einge-wirkt hatten – in der Familie, in der Schule, seiner so-zialen Klasse, seinem Studium, seiner offensichtli-chen Isolation in der Blockhütte. Er porträtiert ihn als einen Jungen, der sich zu Hause widersprüchlichen Forderungen gegenübersah: Er sollte das intellektu-elle Niveau entwickeln, das ihn in die Lage versetzt, in Harvard zu studieren, was extreme Hinwendung er-forderte, während er gleichzeitig »sozial« sein sollte, eine unmögliche Aufgabe inmitten von Kindern, die ein Stück älter waren als er. In Harvard fehlten ihm die sozialen Fähigkeiten, Freundschaften zu schließen, und seine Isolation wurde umso größer, als es kaum andere Studenten aus dem Arbeitermilieu gab. Aber der wichtigste Faktor laut Chase war, dass Kaczynski ab seinem sechzehnten Lebensjahr in die »culture of des-pair« eintauchte, die das Harvard der Fünfziger- und Sechzigerjahre kennzeichnete. Das Ende des Zweiten Weltkrieges bedeutete den Beginn des Kalten Krieges, die Drohung nuklearer Konflikte und ein aussichtslo-ses Wettrüsten. Verstädterung und Verkehr richteten nach und nach einen nicht wiedergutzumachenden Schaden in der Natur an. Der Kurs »Gen Ed«, *general education,* Pflichtveranstaltung für alle unteren Semes-ter, machte Studenten mit dem Existenzialismus von Sartre und Camus vertraut sowie mit dem Gedanken, die Existenz sei »absurd«. Sie lasen über Nietzsches Pessimismus und die Relativität moralischer und reli-giöser Werte. Allgegenwärtig war der Technologiekriti-ker Lewis Mumford, der geschrieben hatte, wir hätten

»eine industrielle Ordnung geschaffen, die untrennbar mit Automatisierung verbunden ist und in der Geistesschwäche, angeboren oder erworben, für folgsame Produktivität in der Fabrik notwendig sei«. Die moderne Technik würde nach Mumford zu »einer gnadenlosen Ausbeutung natürlicher Hilfsquellen, einer Störung des natürlichen Gleichgewichts von Organismen und der Ausrottung zahlreicher wertvoller kultureller Traditionen« führen.[50] Als das Unabomber-Manifest erschien, schrieb Chase, sei ihm vieles bekannt vorgekommen.

In Harvard kam Kaczynski auch mit der Psychologie in Berührung, mit beunruhigenden Folgen. Er hatte sich mit noch etwa siebzig anderen Studenten für eine Studie des Harvardpsychologen Henry Murray zur »Persönlichkeitsentwicklung begabter Studenten« angemeldet.[51] Die »Biografie«, die Kaczynski mit siebzehn schrieb, war Teil der Vorbereitung auf die Studie. Nach dem Screening blieben rund zwanzig Teilnehmer übrig, darunter auch Kaczynski. Sein Ergebnis typisierte ihn als die »entfremdetste« aller Versuchspersonen. Für eines der Experimente bat man die Teilnehmer, ihre »persönliche Lebensphilosophie« zu beschreiben, eine Ausführung zu den Werten, die ihrem Leben eine Richtung gaben.[52] Danach wurden sie eingeladen, mit einem jungen Rechtsanwalt darüber zu diskutieren, der ebenfalls seine Lebensphilosophie zu Papier gebracht hatte. In Wirklichkeit war dieser Advokat ein sorgfältig instruierter Handlanger des Versuchsleiters. Wenn die nichts ahnende Versuchsperson zu der Diskussion erschien, wurde sie in einen hell erleuchteten Raum geführt. Sie musste auf einem Stuhl Platz nehmen und bekam eine Apparatur angelegt, die Herzschlag und Atmung messen sollte. Durch ein Loch in der Wand wurden ihre Reaktionen gefilmt. Die gesamte Szenerie wurde durch einen Einwegspiegel beobachtet. Der Handlanger hatte nur einen einzigen Auftrag. Er sollte die Lebensphilosophie der Versuchsperson so schnell und so effektiv wie möglich auseinandernehmen. Bei diesem »Grillen« war alles erlaubt, um die Versuchsperson zu erniedrigen, zu beleidigen, zu kränken. Ziel des Experiments war, die Reaktion einer Versuchsperson zu zeigen, wenn sich diese in einem Punkt angegriffen fühlt, der einen großen persönlichen Wert für sie hat. Teilnehmer, die später in ihren Autobiografien darüber geschrieben haben, erinnerten sich im Rückblick an diesen Versuchsaufbau als eine äußerst unangenehme Erfahrung. Auch Kaczynski empfand sie als solche. Fast vierzig Jahre später erzählte er Sally Johnson, er habe an Murrays Experimenten teilgenommen. In seinen autobiografischen Notizen erwähnte er die sich wiederholenden Albträume, die er infolgedessen einige Jahre lang gehabt habe. Die Träume handelten von Psychologen, die mit ihren Techniken seinen Geist beherrschen wollen. Er versuche, ihnen zu entkommen, indem er ausbreche oder vor ihnen weglaufe, aber dabei werde er auch immer wütender und letzten Endes wolle er zum Schlag gegen die Psychologen und ihre Handlanger ausholen: »Der Moment, in dem ich gewalttätig wurde und die Psychologen oder ihre

Assistenten tötete, verschaffte mir ein großartiges Gefühl der Erleichterung und Befreiung. Leider wurden die Menschen, die ich ermordete, meist sehr schnell wieder lebendig. Sie blieben einfach nicht tot. Ich erwachte mit einem angenehmen Gefühl der Befreiung, dass ich Gewalt angewendet hatte, aber es frustrierte mich, dass meine Opfer nicht tot blieben.«[53]

Dass später eine der Bomben für einen Psychologen bestimmt war –, auf den ersten Blick ein merkwürdiges Ziel zwischen all den Technikern und Naturwissenschaftlern –, überrascht dann nicht mehr, denn dieser Psychologe, James McConnell, war ein landesweit bekannter Spezialist auf dem Gebiet der Verhaltensmodifikation, genau die Art manipulativer Psychologie, die Kaczynski hassen gelernt hatte.

Chase lässt sich nirgends über die geistige Gesundheit Kaczynskis aus. Er notiert jedoch dessen Neigung, seinen Eltern an allem die Schuld zu geben, sogar an Pubertätsleiden wie Akne, und in diesem Sinne sei Ted nie erwachsen geworden. Chase attestierte ihm eine schwierige Jugend. Aber für Diagnosen wie Schizophrenie, Autismus oder Narzissmus sei in seiner Lebensgeschichte kein Anhaltspunkt zu finden. Kaczynski verfolge eine Ideologie, kein Wahn-System. Diese Ideologie habe er schon vor seinem dreißigsten Lebensjahr für sich formuliert, mithilfe des philosophischen, soziologischen und politischen Materials, das er damals zur Hand hatte. Seine Auffassungen sollten sich danach nicht mehr ändern. Dass er während seiner Anschlagsserie außer seinen Bomben auch seine Ideen verfeinert habe, wie er in seinem Brief an die *New York Times* geschrieben hatte, stimmte nicht; es sei ja gerade der in den Sechzigerjahren stagnierende und dementsprechend etwas angestaubte Charakter seiner Ideologie gewesen, der seine Schwägerin Linda hatte argwöhnisch werden lassen und schließlich dazu geführt hatte, dass er als der Unabomber identifiziert wurde. In Chases Porträt ist er ein Mörder und ein Extremist, kein Geistesgestörter.

Aber Kaczynski selbst hatte auch noch eine Geschichte zu erzählen.

Kaczynski über den Unabomber

2003 schrieb Kaczynski aus dem Gefängnis einen langen Brief an einen M. K. über seine Beweggründe.[54] Einigermaßen verkürzt:

Am 14. August 1983 schrieb ich in mein Logbuch: »Am fünften August habe ich eine Tour in Richtung Osten begonnen. Ich kam zu meiner verborgenen Hütte. Dort blieb ich auch den nächsten Tag. Da empfand ich das Friedvolle des Waldes. Aber da gibt es nur wenige Waldbeeren, und obwohl es viele Hirsche gibt, findet man kaum Kleinwild. Außerdem war es schon eine Weile her, dass ich auf der wunderbaren und abgelegenen Ebene war, wo die verschiedenen Arme des Trout Creek entspringen. Also machte ich mich am siebten August auf den Weg zu diesem Gebiet. Nach einer Weile hörte ich Kettensägen. Ich nahm an, dass Bäume gefällt wurden. Das gefiel mir nicht, aber ich dachte, ich könnte dem aus dem Weg gehen, wenn ich erst einmal dort war. Weiterziehend über die Flanke, sah ich unter mir einen Weg, den es früher nicht gegeben hatte. Das fand ich wirklich schlimm. Trotzdem setzte ich meinen Weg zur Ebene fort. Was ich dort sah, brach mir das Herz. Die gesamte Ebene war kreuz und quer überzogen von neuen Wegen, in ihrer Art breit und dauerhaft gemacht. Die Ebene war für alle Ewigkeit ruiniert. Man würde sie nur noch durch den Einsturz der technologischen Gesellschaft retten können. Ich fand es unerträglich. Dies war der beste und schönste und abgelegenste Ort in der ganzen Umgebung und ich hatte wunderbare Erinnerungen daran.

Am nächsten Tag ging ich zu meiner Hütte zurück. Ich kam an einer schönen Stelle vorbei, einem meiner Lieblingsorte, mit einer Quelle, die sauberes Wasser lieferte, das man trinken konnte, ohne es vorher abzukochen. Ich hielt kurz an und richtete eine Art Gebet an den Geist der Quelle. Es war ein Gebet, in dem ich schwor, Rache zu nehmen für das, was dem Wald angetan wurde.« Mein Logbuch fährt fort: »... und danach ging ich so schnell wie möglich nach Hause – ich musste an die Arbeit!« Leicht zu raten, an welche.[55]

Er machte sich also an diese Arbeit. Die Ergebnisse sollten 1985 explodieren. Mai: John Hauser, Student in der

Mitte seines Studiums und mitten in der Pilotenausbildung, wird so schwer verwundet, dass seine Laufbahn bei der Luftwaffe beendet ist. November: Psychologe James McConnell und sein Assistent erleiden schwere Verletzungen. Dezember: Der achtunddreißig Jahre alte Hugh Scrutton, Inhaber eines Computermietservices, stirbt, als er ein Paket hochhebt. Zu diesem letzten Anschlag notierte Kaczynski am Tag nach Weihnachten in seinem Logbuch, dass die Bombe »mit sehr guten Ergebnissen« explodiert sei.[56] Er hatte durchgeführt, was er in seinem Gebet an der Quelle versprochen hatte.

Die prachtvolle, aber wehrlose Natur, der Frieden des Waldes, das reine Wasser – alles Anspielungen auf erhabene Motive: Schutz dessen, was sich nicht selbst verteidigen kann, Eintreten für Geschundenes, Rettung der letzten Reste wilder Natur. Das sind dieselben Motive, die Kaczynski in seinem Manifest präsentiert hatte und die in seinen *Collected writings* wiederkehren sollten. Sie verweisen auf das, was er mit den Anschlägen erreichen wollte: die Aufmerksamkeit eines großen Publikums für seine Philosophie (»um wirklich Eindruck zu hinterlassen, mussten wir Menschen töten«), Rache an den Verantwortlichen für die Zerstörung der Natur. Kurz gesagt: Die Anschläge verübte er nicht zu seinem Vergnügen, sondern sie standen im Dienst eines höheren Ziels.

Was er jedoch in seinem geheimen Logbuch über seine Motive notierte, erzählt von Anfang an eine andere Geschichte. 1977, noch vor der ersten Bombe, schrieb er: »Ich betone, dass es sich bei meinem Motiv um persönliche Rache handelt. Ich erhebe keinen Anspruch auf irgendeine philosophische oder moralische Rechtfertigung. Das gesamte Moralkonzept ist einfach eines der psychologischen Instrumente, mit denen die Gesellschaft menschliches Verhalten beherrscht. Mein Streben ist es, einen Wissenschaftler zu ermorden, einen wichtigen Geschäftsmann oder jemanden von den Behörden. Ich würde auch gerne einen Kommunisten ermorden.«[57] Nach der ersten Bombe spricht er über den beruhigenden Effekt allein schon des Gedankens, morden zu können. Er hätte in den vergangenen Monaten »viel weniger Probleme mit Frustration und Hass als sonst. Ich denke, das liegt daran, dass ich mich immer, wenn ich etwas erlebte, worüber ich mich aufregte (wie ein zu tief fliegendes Düsenflugzeug oder irgendeinen Quatsch in der Zeitung), und merkte, wie ich immer wütender wurde, mich besänftigte, indem ich dachte: »Warte nur bis zum Sommer! Dann werde ich morden!«[58] Die Notiz stammt vom 6. Mai 1979; drei Tage später legt er die Bombe, die dazu führt, dass ein Student mit Schnitt- und Brandwunden ins Krankenhaus aufgenommen werden muss. Die Zeitung berichtete darüber. Kaczynski: »Leider sah ich in der Zeitung nichts, was darauf hinwies, dass er bleibenden Schaden genommen hätte.«[59] Und nach der Bombe, die Percy Wood schwer verwundete: »Ich fühle mich um einiges besser. Ich bin immer noch ziemlich wütend. Ich kann jetzt zurückschlagen. Ich kann nicht so fest zurückschlagen, wie ich gern würde, aber ich fühle mich nicht mehr länger so vollkommen hilflos und die Wut frisst mich nicht mehr so auf wie früher.«[60]

Was für die Außenwelt wie eine Kampagne für ein höheres Ziel aussehen musste, war für ihn selbst ein Mittel, seine ständige und brodelnde Wut zu kanalisieren. Ob diese Rage nun durch den Lärm von Schneescootern an Weihnachten entstand, dem Heulen der Kettensägen im Sommer, den Hunden seines Nachbarn das ganze Jahr hindurch oder durch den zigsten unerwünschten Brief seiner »Stinkfamilie« – die Planung und Durchführung der Bombenanschläge war ein Versuch der Aggressionsregulierung. Das funktionierte natürlich nicht. Die Genugtuung hielt immer nur kurz an. Egal welche Verheerung die Bomben auch angerichtet hatten – es gelang ihm nicht, sich wirklich seiner Frustration, seines Grolls und seiner Aggression zu entledigen. Im Gegenteil, es schien gerade eine immer höhere Dosis vonnöten, um denselben Effekt zu erzielen. Kaczynski hatte Mosser und Murray innerhalb von fünf Monaten hintereinander »gesprengt« und noch immer war er fuchsteufelswild.

Koppelnavigation

Der Fall Kaczynski liegt wie eine Lupe auf einer Sammlung von Problemen, mit der jeder Historiker, Biograf oder forensische Psychiater konfrontiert wird. Sie sind unausweichlich und leider unlösbar.

Sally Johnson verfügte über eine überwältigende Menge an Material. Sie hatte zweiundzwanzig Stunden mit Kaczynski gesprochen, Tagebücher und Briefe gelesen, mit Menschen aus seiner Umgebung geredet, Testergebnisse eingesehen, Dokumente über seine Jugend und sein Studium zurate gezogen. Silva und seinen Kollegen lag fünf Jahre später eine ebenso einschüchternde Menge an Informationen vor, darunter alles, was Journalisten mittlerweile über Kaczynskis Vergangenheit zutage gefördert hatten. Alston Chase hatte alles so minutiös dokumentiert, dass er eine strenge Auswahl treffen musste, was er in seine Biografie aufnehmen wollte. Jedes Gutachten, jede Biografie ist notwendigerweise selektiv. Selektion erfordert Kriterien, und die sind in der Regel dadurch gegeben, dass zu Anfang des Schreibprozesses eine noch globale und vorläufige Vorstellung des Tenors des Textes erstellt wird. In gewisser Weise steht die Schlussfolgerung also am Anfang: Die Auswahl des Relevanten entstammt zum Teil dem Ergebnis. In dem Artikel von Silva und seinen Kollegen ist dies am deutlichsten erkennbar: Ihre Schlussfolgerung, Kaczynski habe das Asperger-Syndrom, hatte einen maßgeblichen Anteil daran, was sie in ihre Analyse aufnahmen und was nicht. In Johnsons Gutachten und in der Biografie von Chase ist das Gleiche geschehen: Ihre Rekonstruktionen von Kaczynskis Vergangenheit setzen sich aus Elementen zusammen, die so ausgewählt und angeordnet wurden, dass sie in Richtung Schizophrenie wiesen beziehungsweise in die eines mental verletzlichen Mannes, der schon jung von einer Kultur der Ratlosigkeit und Verzweiflung durchtränkt worden war.

Hat die Selektion erst einmal stattgefunden, entsteht ein zweites Problem, eine Konsequenz aus dem ersten. Angesichts der Meinungsverschiedenheiten über Diagnosen oder der Überzeugungskraft unterschiedlicher biografischer Porträts kann es keine Lösung sein, sich auf »Fakten« zu berufen – die sind ja gerade mit den verschiedenen Positionen verwoben. Deswegen ist das Vorhaben, die Fakten für sich sprechen zu lassen, so irreführend: Die Fakten erzählen nur dank der besonderen Bedeutung, die man ihnen gibt, etwas. Fakten an sich beweisen nichts, die Meinungsverschiedenheit hinsichtlich eines Falles wie dem von Kaczynski dreht sich darum, *was* als Tatsache akzeptiert wird. Der Fall Kaczynski demonstrierte das immer wieder. An entscheidenden Punkten der Analyse gab es keine unumstrittenen Fakten, die eine eindeutige Interpretation ermöglicht hätten, die Interpretation steckte schon von Anfang an zwischen den Fakten. War – zum Beispiel – die Rede von Verwahrlosung? Auf den ersten Blick eine einfache, sachliche Frage. Nach Sally Johnson schien dies »bisweilen« der

Fall.[61] Es passte in das Bild eines Schizophrenen. Silva und seine Kollegen berichten nichts darüber; es ist auch nichts, wofür Menschen mit Asperger bekannt wären. Chase schrieb, dass Kaczynski zwar verwahrlost, unrasiert und ungewaschen aussah, als man ihn aus seiner Hütte holte, dass jedoch viele »Bergmenschen« in den rauen Wintern Montanas es nun einmal mit der persönlichen Hygiene nicht so genau nahmen. Außerdem hatte Kaczynski einen ordentlichen Anzug parat hängen, falls er auf Reisen musste, um Bomben zur Post zu bringen oder sie zu legen. Genauso unmöglich ist es, eine Übereinstimmung über die Frage zu erzielen, ob man in seiner Hütte einen »Schweinestall« vorfand, wie es die ersten Profile oft nahelegten, ohne allerdings detaillierte FBI-Fotos seiner Inneneinrichtung mit anzuführen. In das Profil einer Person mit Asperger würde Unordnung nicht gut passen, eine peinlich saubere und ordentliche Inneneinrichtung wäre Silva und seinen Kollegen eigentlich gelegener gekommen. Sie schrieben also nichts über seine Hütte. Chase schon, aber er betonte vor allem, wie praktisch alles eingeteilt war und wie jemand in einem so kleinen Raum doch Platz für eine Werkbank, einen Stuhl, eine Pritsche, einen Ofen, Kochgerätschaften, Bücherregale und Werkzeug gefunden hatte. Wenn man der Meinung sei, das sei eine chaotische Einrichtung, solle man mal einen Blick in das Arbeitszimmer eines durchschnittlichen Akademikers werfen. Und konnte man – letztes Beispiel – Kaczynski wirklich als einen Mann mit »monomanen Glaubensüberzeugungen« (Johnson) oder »beschränkten Interessen« (Silva) bezeichnen? Auch das bestritt Chase. Auf seinem Bücherregal stand »Fachliteratur« für einen Bombenbauer, wie *Electronics made simple* und *The science of fingerprints* (eine sehr hilfreiche Ausgabe des Justizministeriums), oder für jemanden, der versucht, von dem zu leben, was ihm das Land gibt, wie das *Handbook of edible wild plants* und *The basics of rifle shooting.*[62] Aber dort standen auch Bücher von Dickens, Dostojewski, Tolstoi, Shakespeare, Koestler, Orwell, Somerset Maugham, Steinbeck, Mark Twain und, natürlich, Joseph Conrad. Die Non-Fiction-Sammlung war mindestens genauso detailliert: historische Werke über die Russische und die Französische Revolution, das zweiteilige Standardwerk *Violence in America* von Robert Gurr sowie Bücher über Marxismus, anarchistische Bewegungen und das Recht auf Privacy. Er besaß sogar eine bescheidene Psychologiekollektion, unter anderem mit einem Buch von Allan Buss über Persönlichkeitsunterschiede, Hans Eysencks *Sense and nonsense in psychology* und eine Monografie über die Psychologie der Frau. Das konnte man doch kaum eine einseitige Sammlung nennen. Daneben hatte er die Bibliothek in Lincoln intensiv genutzt. Um Sherry Woods nicht immer mit Fernleihen zu belasten, fragte er zuletzt seine Bücher direkt in der Hauptstadt Helena an. Er war eher ein »Alleslesser« als ein Mensch mit begrenzten Interessen. Ob es sich nun um die eigene Verwahrlosung, eine chaotische Hütte oder um monomane Interessen handelt – die »Fakten«, die Autoren gern als Ringrichter anbieten, sind in Wirklichkeit ihre Mitspieler.

Des Weiteren gibt es ein drittes Problem. Die Menschen, an die sich ein Psychiater wendet, um etwas über die Vergangenheit einer zu begutachtenden Person zu erfahren, werden in aller Aufrichtigkeit ihre Erinnerungen zurate ziehen, aber sie tun das mit dem Wissen, dass dieser Mensch ein – meist schweres – Verbrechen verübt hat. Sie erinnern sich mit »Zusatzwissen«. Das ist der Beginn einer ganzen Reihe neuer Komplikationen. So lässt das Verbrechen zum Beispiel rückwirkend Erinnerungen aufleuchten, die sonst wahrscheinlich unsichtbar geblieben wären. David Kaczynski begann, sich an allerlei Ereignisse aus seiner frühen Jugend zu erinnern, Erinnerungen vom Typ »vierzig Jahre nicht daran gedacht«. Das waren oft einfache Vorfälle, aus denen das Leben nun einmal zum großen Teil besteht, die aber im Licht dessen, was aus Ted geworden war, eine neue Bedeutung bekamen. Eines Tages hatte ihr Vater ein junges Kaninchen gefangen und es in einem kleinen Käfig auf den Rasen gestellt. David und ein paar Jungs aus der Nachbarschaft drängten sich vor den Gitterstäben. Das Kaninchen hatte sich zitternd an die Rückwand verkrochen. Plötzlich erklang hinter ihnen Teds wütende Stimme. Er verlangte, das Tier müsse sofort freigelassen werden. Vater Kaczynski ging mit dem Käfig zum Waldrand und ließ das Kaninchen am Wäldchen frei. Ein halb vergessenes Ereignis, wieder zurückgeholt durch das Wissen vom später so militanten Naturschützer.

Auch Erinnerungen, die ausgesprochen taktisch eingesetzt scheinen, wie die von Mutter Wanda an die Veränderungen Teds nach dessen Aufenthalt im Krankenhaus, können noch immer gutgläubig sein. In dem Babybuch, das sie für Ted führte, hatte sie damals festgehalten, er sei schlapp und passiv aus dem Krankenhaus zurückgekommen, »wie ein Kleiderbündel«.[63] Danach solle er nie wieder derselbe gewesen sein. Aber Ted notierte in seiner im Gefängnis verfassten Abrechnung mit seiner Mutter, sie hätte sich diese Geschichte erst später ausgedacht, um sich selbst zu schützen, und drei Tage später in demselben Babybuch geschrieben, Ted sei zum Glück wieder »sein tatkräftiges und freundliches Selbst«.[64] Hatte Wanda Letzteres vergessen? Oder erinnerte sie sich zwar daran, hatte es aber weggelassen, weil es nicht zu ihren Versuchen passte, Ted vor der Todesstrafe zu bewahren? Oder liegt es noch anders und bekam die Erinnerung daran, wie sich Ted verändert hatte, im Nachhinein so viel Bedeutung, dass das, was darauf folgte, nicht mehr so wichtig war? Das sind Fragen, auf die es keine eindeutige Antwort gibt. Gleichzeitig sind es gerade die Erinnerungen mit »Zusatzwissen«, die diese Art von Problemen verursachen.

Für denjenigen, der gebeten wird, Auskunft über die Vergangenheit eines Menschen zu geben, der ein schweres Verbrechen begangen hat, ist es schwierig, sich einem allbekannten Irrtum zu entziehen, nämlich der Überzeugung, dass große Folgen auch große Ursachen haben müssen. Wenn jemand so spektakulär entgleist, lautet der Gedanke, muss es dafür auch einschneidende Ursachen geben. Diese Überzeugung führt zu einer ganz anderen Auswahl der Erinnerungen, als es ohne Kenntnis der Entwicklung der Fall gewesen wäre. Die Erinnerungen bekommen außerdem ein Gewicht, das dem entspricht, was später geschehen ist. Die Tatsache, dass Kaczynski schon in der Schule einmal eine Minibombe gebaut hatte, die im Chemiesaal explodiert war, wurde als frühes Zeichen seiner späteren Besessenheit aufgefasst. Seine Weigerung, zu den Pfadfindern zu gehen, war sicherlich schon ein erster Schritt in Richtung dessen, was letzten Endes zu einer fatalen sozialen Isolation führte. Das ist ein Irrtum, der Familie und Freunde schwer belasten kann. Haben sie vielleicht Signale verpasst? Hätten sie zu einem Zeitpunkt, als es noch möglich war, nicht eingreifen müssen? In Wirklichkeit ist dies eine Form des Selbstbetrugs. Es ist der Ablauf, der solche Erinnerungen zum »Zeichen« macht. Ohne seine Bombenserie hätte man sich an Ted weiterhin als einen Jungen erinnert, der lieber mit seinem Chemiekasten zugange war, als mit umgebundenem Halstuch Spuren zu suchen.

Als *hindsight bias*, Rückschaufehler, schreiben der Jurist und Arzt Giard und der Psychologe Merckelbach, kommen Varianten dieses Irrtums in allerlei Disziplinen vor.[65] In Untersuchungen von Katastrophen oder bei Personenschäden muss man in einem kleinen Fehler mit großen Folgen doch auch weiterhin einen kleinen Fehler sehen. Historiker müssen sich gegen die

Neigung wappnen, unmittelbare Kausalzusammen-
hänge zu identifizieren, die Zeitgenossen überhaupt
nicht hätten sehen können. Biografen sind dem Risiko
unterworfen, in der Kindheit und Jugend eines Menschen nur die Ereignisse zu erzählen, die mit dem in
Verbindung zu bringen sind, was später aus diesem Er-
wachsenen geworden ist. Und forensische Psychiater
müssen sich der Gefahr bewusst sein, dass die Erinnerungen ihrer Informanten von dem Wissen gefärbt
sind, dass der Beurteilte eines schweren Verbrechens
verdächtigt wird.

Psychiater und ihre Informanten bekommen es auch
mit einem Mechanismus zu tun, der *confirmation bias*
oder Bestätigungsfehler heißt.[66] Sie neigen – wie jeder
andere Mensch – dazu, bestätigende Informationen zu
suchen und diese auch eher zu bemerken. Doppeldeu-
tige Informationen erhalten eine bestätigende Erklärung. Einmal gefunden und bestätigend gedeutet, werden diese Informationen auch noch besser behalten.
Dieser Mechanismus gibt der späteren Weisheit ihren
subjektiv überzeugenden Charakter: Mit dem Wissen
von einem Ereignis X steigt die Vorhersagbarkeit von X
ganz beträchtlich, so stark manchmal, dass dieses X für
den aufmerksamen Beobachter von Beginn an bereits
unabwendbar zu sein scheint. Dass Abweichungen auf
Röntgenfotos plötzlich um einiges sichtbarer werden,
wenn die Diagnose dazu geliefert wurde, ist eine experimentelle Analogie desselben Mechanismus'.

Im Fall Kaczynski sind Komplikationen wie diese die Folge des dramatischen Charakters seiner Verbrechen, der Gegensätze zwischen seiner eigenen Perspektive und der aller Psychiater, mit denen er es zu tun bekam, der Kontroversen der Psychiater untereinander, der großen Menge an biografischen Dokumenten und natürlich auch des Umstands, das so viele Autoren Porträts und Biografien über ihn verfassten. Aber prinzipiell treten diese Probleme in jedem forensisch-psychiatrischen Gutachten auf, auch wenn der Beurteilte Gustl Mollath, Arno Funke oder Anders Breivik heißt.[67] Bei vermutetem Vorliegen einer psychiatrischen Problematik werden in der Rechtspraxis häufig zwei Gutachter beauftragt, in der Regel ein forensischer Psychologe und ein Psychiater. In vielen Fällen beraten sie sich über ihre Befunde. Am Ende ihres Gutachtens geben sie eine Einschätzung bezüglich der Frage ab, ob der Verdächtige für leicht vermindert oder eingeschränkt zurechnungsfähig, erheblich beeinträchtigt oder für nicht schuldfähig erklärt werden muss. Die Gutachten sind *pro justitia:* Sie werden auf Anfrage des Gerichts erstellt, und es ist auch der Richter, der später über diese Schlussfolgerungen urteilen muss. Das Gutachten bleibt vertraulich. In nahezu allen Fällen übernimmt der Richter den Rat der Gutachter bezüglich des Ausmaßes der Schuldfähigkeit. Nur in den seltenen Fällen, in denen der Anwalt die Schlussfolgerungen bestreitet, kann eine Gegenexpertise eingeholt werden. Dieses Verfahren hält die Wahrscheinlichkeit von Diskrepanzen, widersprüchlichen Perspektiven, Meinungsverschiedenheiten über die Diagnose und die Einmischung von Nicht-Psychiatern klein, geht jedoch auf Kosten des Bewusstseins dafür, wie viele alternative Rekonstruktionen es vielleicht von der Vergangenheit ein und derselben Person hätte geben können, oder darüber, wie selektiv und gefärbt die Erinnerungen derjenigen sind, die über deren Verhalten befragt wurden.

Sind aus dem Fall Kaczynski Empfehlungen ableitbar? Psychiater, die den Hintergrund eines Verdächtigen begutachten müssen, gehören wie Biografen und Historiker zu den Unglücklichen, die dazu »verdammt sind, die Vergangenheit zu untersuchen«, wie es der Psychologe Fischhoff beschrieb.[68] Die Komplikationen, die das mit sich bringt, sind nicht leicht auszuräumen. Informationen über die Vergangenheit der zu begutachtenden Person werden vor allem von nahen Verwandten, Freunden oder Kollegen stammen; leider sind das auch die Informanten, die wissen, weswegen er verdächtigt wird. Es böte sich an, für unabhängige Beurteilungen zu sorgen, aus verschiedenen Perspektiven und von Parteien, die nicht dieselben Interessen haben, wie bei Kaczynski geschehen. Dies würde sicherlich die Wahrscheinlichkeit der Diversität der Information über den Begutachteten erhöhen. Aber abgesehen von der Frage, ob dies praktisch umsetzbar ist, ist es überhaupt fraglich, ob dies zu gerechteren Urteilen führt. Dafür gibt es einen einfachen, zugleich entmutigenden Grund: Die intuitive Überzeugung, durch immer mehr Informationen verschiedener Quellen entstünde ein immer vollständigeres und akkurateres Bild des zu Begutachtenden, stimmt leider nicht. Hunderte von Studien in sehr unterschiedlichen Disziplinen zeigen, dass die Qualität von Urteilen, Einschätzungen und Entscheidungen bei mehr Informationen erst zunimmt, doch bei noch mehr Informationen ein Optimum übersteigt und anschließend wieder abnimmt. Egal ob es sich um ein neuropsychologisches Screening handelt oder um Rückfallschätzungen – der Ehrgeiz, möglichst viele Faktoren in Betracht zu ziehen, wird von der Kapazität unserer kognitiven Fähigkeiten begrenzt.[69] Und eine zweite Ursache für diesen Rückgang wurde gerade schon genannt: Je dicker die Akte, desto mehr Argumente stehen zur Verfügung, um Bestätigung für eine vorgefasste These zu finden.

Es ist sogar noch schlimmer. Der Gedanke, Illusion, Vorurteil und Selbstbetrug seien weniger schädlich, solange man sich ihrer bewusst bleibt, ist selbst eine Illusion. Auch wenn man davor gewarnt ist und genau weiß, wie der irreführende Effekt entsteht – es ändert nichts an der Empfänglichkeit dafür. In dieser Hinsicht haben all diese verschiedenen *bias* oder Voreingenommenheiten eine große Ähnlichkeit mit optischen Illusionen. Der Mond, der gerade über dem Horizont aufsteigt, scheint um ein Vielfaches größer als der Mond, der hoch am Himmel durch die Wolken streift. Nach einer Erläuterung der Mondillusion ist dies noch immer der Fall. Forensische Psychiater werden mit begrenzten Navigationsmitteln auf den Ozean geschickt. Sie segeln mit Koppelnavigation zur ungefähren Ortsbestimmung. Es geht kaum anders und zeugt von einer gewissen Heldenhaftigkeit.

Wanda

Was in der Gerichtsuntersuchung über die Vergangenheit von Ted Kaczynski bekannt wurde, griff auch die Erinnerungen von David und Wanda an.

Die Reise, die Ted unternommen hatte, um die Bombe zu versenden, die Mosser töten sollte, hatte er offensichtlich mit einem Darlehen von David finanziert. Ein paar Monate später hatte Ted ihn erneut um Geld gebeten. Gegen den Rat seiner Frau schickte David ihm einen großzügigen Scheck über zweitausend Dollar. Von diesem Geld war Ted nach Oakland gereist, um die Bombe zur Post zu bringen, die Murray das Leben kostete. Auch Erinnerungen an die Diskussionen und Streitigkeiten über ihr Verhältnis zur bestehenden Gesellschaftsordnung und die verschiedenen Entscheidungen, die sie dabei für ihr Leben getroffen hatten, gingen ihm nun wieder durch den Kopf.

Mutter Wanda war achtundsiebzig, als sie erfuhr, dass Ted der Unabomber war. Sie sollte vierundneunzig werden. In diesen sechzehn Jahren hat sie viel nachgesonnen über die Erziehung und über die Jugend, die sie und ihr Mann Ted hatten zuteilwerden lassen, über die Entscheidungen, die sie getroffen hatten, die Werte, die sie ihm vermittelt hatten, weswegen sie ihn bestraft und wozu sie ihn ermutigt hatten. Es gab so vieles, was mit dem aktuellen Wissen neu überdacht werden musste. Um ihre Kinder zu gegebener Zeit nicht mit zu hohen Erbschaftssteuern zu belasten, hatten sie schon angefangen, Schenkungen zu überweisen. In den Neunzigerjahren bekamen Ted und David jedes Jahr um die eintausendfünfhundert Dollar. Ted hatte auch dieses Geld, wie sich später herausstellte, für den Bau besserer Bomben und langer Reisen verwendet, um sie von weit auseinanderliegenden Orten zuzustellen oder zu versenden.[70]

Sie muss sich auch an seine Reaktionen auf die Briefe und Päckchen erinnert haben, die sie ihm schickte: »Du hast mir ein Reader's Digest geschickt. Du Dummkopf, wie oft soll ich dir noch sagen, dass du mir keine Zeitschriften schicken sollst?«[71] Kekse in einem Lebensmittelpaket mitzuschicken war auch nicht in Ordnung: »Merke dir doch endlich mal, dass du nur Trockenobst und gesalzene Nüsse in Lebensmittelpakete stecken sollst.«[72] Und wenn sie dann nur Trockenobst und gesalzene Nüsse schickte, wurde er trotzdem wütend, »weil er ihr schon tausendmal gesagt hatte, nie etwas zu schicken, bevor er es genehmigt hätte«.[73] Weil er stets darauf drängte, Entschuldigungen zu bekommen für das, was sie ihm in seiner Kindheit und Jugend zu Hause in der Familie angetan hatten, schrieb sie ihm einen Brief, indem sie ihn um

Entschuldigung für die Fehler in ihrer Erziehung bat. Das hatte genau den gegenteiligen Effekt. Fuchsteufelswild schrieb Ted zurück, sie tue so, als habe sie die Fehler aus Versehen gemacht, dabei seien sie aus voller Absicht geschehen.

Kaczynski hat sich immer geweigert, sie im Gefängnis zu empfangen, ihre monatlichen Briefe blieben unbeantwortet.

In einem Interview mit der *Washington Post* sagte sie, sie würde sich endlos den Kopf darüber zerbrechen, was in seiner Kindheit und Jugend geschehen sei: »Was hätte ich machen sollen, um ihn aus der Wildnis herauszuhalten? Was hätte ich machen können, um ihm ein glücklicheres Leben zu geben? Und doch waren es so viele herrliche, glückliche Zeiten mit der Familie. Ich weiß es nicht, ich *weiß* es einfach nicht.«[74]

Die Essenz ihrer Tragik ist ist für jeden im Internet sichtbar. Wer Bilder von Wanda Kaczynski googelt, sieht nur wenige Fotos von ihr selbst – und jede Menge Fotos, die aus dem Familienalbum stammen müssen. David als Baby bei Wanda auf dem Schoß und Ted, der schützend einen Arm um ihn gelegt hat. Ted und David beim Zelten mit ihrem Vater. Ted verkleidet als Indianerhäuptling. Ein lachender Ted und David, Ted mit einem Wellensittich auf der Schulter. Es sind Fotos einer Kindheit, wie sie in den Fünfzigerjahren Millionen amerikanische Jungen erlebt haben und wie sie für Ted vielleicht auch noch existierte, als er mit siebzehn Jahren über seine Eltern schreiben sollte. Aber es ist *auch* wahr, dass dieselbe Jugend wenig später in seiner Erinnerung zu einer Aneinanderreihung demütigender, verletzender Erfahrungen geworden ist.

Josefs Träume

Als ich noch zu Hause wohnte, pflegte ich einen sehr intensiven Umgang mit der Bibel, es blieb mir auch kaum etwas anderes übrig. Bei Tisch hatte mein Vater sie in unmittelbarer Reichweite – nach dem Essen brauchte er nur hinter sich in eine Schublade der Anrichte zu greifen, um aus der Bibel vorzulesen. Ich besuchte eine Konfessionsschule, in der das Fach Bibelgeschichte gleichwertig neben dem Fach Geschichte unterrichtet wurde. Im Konfirmandenunterricht wurde über die Bibel diskutiert, in der Kirche daraus gepredigt. Das alles hörte in meinem Leben auf, als ich etwa zwanzig war, danach nahm ich die Bibel nur noch gelegentlich zur Hand, vor ein paar Jahren noch einmal, um nachzulesen, was Nebukadnezar nun genau geträumt hatte und wie Daniel den Traum mit der Hilfe Gottes ausgelegt hatte. Jetzt, gut vierzig Jahre später, mit Anfang sechzig, habe ich einige der biblischen Geschichten nochmals gelesen.

»Nochmals gelesen« trifft es eigentlich nicht ganz. Als Kind liest man nicht so viel in der Bibel, auch nicht in Kinderbibeln, man bekommt vorgelesen, man *hört zu*, mit der Empfänglichkeit, die zu diesem Sinnesorgan gehört. Man geht ganz in der Geschichte auf, bleibt in Gedanken hin und wieder an einer Passage hängen, aber anders als beim Selbstlesen kann man nicht mal eben zurückspringen, um etwas ein zweites Mal zu lesen. Als ich die Geschichten jetzt las, konnte ich das sehr wohl, und als Erstes fiel mir dabei auf, wie sehr sie genau das sind, *Geschichten,* gut erzählte Geschichten, mit Spannungsbogen, Doppeldeutigkeiten, mehreren Ebenen, Wendepunkten und Auflösungen. Die Bibel ist in den vierzig Jahren, in denen ich sie kaum zur Hand nahm, vor allem eins geworden: deutlich besser.

Für das erneute Lesen im späteren Alter wurde auch schon der Vergleich mit dem Blick durch eine Gleitsichtbrille herangezogen – die Sie dann auch meist tatsächlich brauchen.[1] Sie haben den Text von heute direkt vor Augen, doch ab und zu spähen Sie in die Ferne, vierzig, fünfzig Jahre zurück, zu dem, was Sie damals gelesen haben – und woran Sie sich jetzt noch erinnern. Die erneute Lektüre ist ein Gedächtnisexperiment mit einer einzigen Versuchsperson, oder vielleicht zwei, Ihrem früheren und Ihrem heutigen Selbst. Der Text ist noch immer der gleiche und dient gerade deswegen als Peilstock für die Veränderungen bei Ihnen.

Was war Josef in meiner Erinnerung? Auf jeden Fall das: Er war einer der Jüngsten, der Liebling seines Vaters Jakob. Er wurde bevorzugt. Dafür konnte er nichts, und ich erinnere mich sehr lebhaft an das Mitleid, das ich als Kind verspürte, als seine Brüder ihn in eine Zisterne warfen und kurz darauf beschlossen, ihn einer vorbeiziehenden Karawane als Sklaven zu verkaufen. Ich erinnere mich auch an das triumphale Gefühl, als er in Ägypten durch einige wundersame Schicksalsfügungen doch zu Ansehen kam und es letzten Endes bis zum Vertrauten des Pharaos brachte. Die Geschichte bekam erst recht eine befriedigende Wendung, als dieselben Brüder – ohne ihn zu erkennen, er war mittlerweile schon über dreißig – an seinem Hof erschienen und ihn anflehten, ihnen Getreide zu verkaufen. In ihrem eigenen Land herrschte Hungersnot. Wie verständlich, dass Josef es ihnen noch eine Weile sehr schwer machte, indem er sie mit vollen Säcken losziehen ließ, heimlich aber auch dafür sorgte, dass auch das Geld, mit dem die Brüder das Getreide bezahlt hatten, wieder in die Säcke zurückgelegt wurde, sodass sie fürchten mussten, nun für Diebe gehalten zu werden. Ihr verdienter Lohn! Und was für eine raffinierte Form der Rache!

Das war mein Josef vor vierzig Jahren. Offenbar hatte ich die ganze Erzählung aus der Perspektive des Gleichaltrigen, des Siebzehnjährigen in der Geschichte, gehört und gelesen. Diesen Josef gibt es noch immer, aber beim erneuten Lesen tauchen noch so viel mehr Figuren und Umstände auf und Josefs Psychologie, die seines Vaters und seiner Brüder geht so viel tiefer und ist so viel subtiler als in dieser einen Erfolgsgeschichte des Jungen, der vom Sklaven zum Vertrauten des Pharao aufstieg.

Sechs Träume bilden die Scharniere der Geschichte, oder besser gesagt: drei Mal zwei Träume, die jeweils zusammengehören. Die beiden ersten sind von Josef selbst. Erst träumt er, dass er mit seinen Brüdern auf dem Land Garben bindet. Seine Garbe richtet sich auf, die seiner Brüder bilden einen Kreis um sie und verneigen sich vor ihr. Als er den Traum erzählt, fangen seine Brüder an, sich über ihn zu ärgern. Im nächsten Traum verneigen sich die Sonne, der Mond und elf Sterne vor ihm. Jetzt wird es auch seinem Vater ein wenig zu bunt: »Was soll das, was du da geträumt hast? Sollen wir vielleicht, ich, deine Mutter und deine Brüder, kommen und uns vor dir zur Erde niederwerfen?«[2] Da steht, dass sein Vater ihn »schalt«, im Hebräischen »ga'ar«, ein lautmalerisches Wort, das bezeichnet: »vor Ärger knurren«.[3]

Alle verneigen sich? Tja, fast sieht es so aus. In seinen Träumen steht Josef sowohl auf Erden als auch am Firmament im Zentrum der Anbetung, entgegen aller Familienhierarchie. Zu dieser Zeit trägt er schon den vielfarbigen Ärmelrock, den sein Vater ihm hatte weben lassen. Weil Jakob schon alt war, als Josef geboren wurde, liebte er Josef mehr als seine anderen Söhne, erklärt die Geschichte dessen Bevorzugung. Von den vier Frauen, mit denen Jakob Kinder hatte, war Josefs Mutter Rachel seine erste und größte Liebe. Für die Brüder steht der Rock für einen Vater, der einen Unterschied macht zwischen seinen Kindern. Aber der reifere Leser sieht auch, wie prächtig derselbe Rock sich – plottechnisch gesehen – durch den gesamten Erzählstrang zieht. Denn als Josef von seinem Vater Jakob auf die Suche nach den Brüdern geschickt wird, die in der Nähe von Dotan das Vieh weiden, erkennen sie ihn schon von Weitem an genau diesem auffälligen Kleidungsstück. So haben sie genug Zeit, einen Plan zu schmieden. Josefs Träume haben wohl doch ein wenig das Gift des Neids in ihre Herzen getrieben.

»Dort kommt ja dieser Träumer. Jetzt aber auf, erschlagen wir ihn und werfen wir ihn in eine der Zisternen. Sagen wir, ein wildes Tier habe ihn gefressen. Dann werden wir ja sehen, was aus seinen Träumen wird.«

Nur Ruben, der Älteste, ist dagegen – zumindest schlägt er eine marginale Verbesserung vor: »Ermordet ihn nicht, werft ihn nur einfach in eine Zisterne!« Er hoffte, Josef später ungesehen wieder herausholen zu können, damit er unversehrt zu seinem Vater zurückkehren könne. Die Brüder reißen Josef den vermaledeiten Ärmelrock vom Leib, werfen ihn in die Grube und gehen dann erst einmal was essen. Als sie in der Ferne eine Karawane heranziehen sehen, überlegt sich Juda wieder etwas anderes: Warum ihn ermorden, warum ihn hier zurücklassen – verkaufen wir ihn doch! Seine Begründung bringt den Leser unwillkürlich zum Schmunzeln: »Wir wollen aber nicht Hand an ihn legen, denn er ist doch unser Bruder und unser Verwandter.« Als sie handelseinig sind – zwanzig Silberstücke bringt Josef ein – und die Karawane in Richtung Ägypten weiterzieht, schlachten die Brüder einen Ziegenbock, tauchen Josefs Rock in Blut und bringen ihn zu ihrem Vater: »Diesen haben wir gefunden; sieh, ob's deines Sohnes Rock sei oder nicht?« Jakob schreit auf:

»Der Rock meines Sohnes! Ein wildes Tier hat ihn gefressen. Zerrissen, zerrissen ist Josef!« Er zerreißt seine Kleidung, will sich nicht trösten lassen und schwört, ihn bis zu seinem eigenen Tod beweinen zu wollen.

Waren diese beiden Träume über die Getreidegarben und die Sterne der Anfang aller Schwierigkeiten Josefs, helfen ihm zwei weitere Träume wieder heraus. In Ägypten wird Josef an Potifar verkauft, den Obersten der Leibwache des Pharao. Er arbeitet sich bis zum Hausverwalter hoch. Aber Potifars Frau hat ein Auge auf ihn geworfen und versucht, ihn zu verführen. Josef geht nicht auf ihre Avancen ein. Als sie sich ihm aufdrängt und ihn an seinem Rock zu sich zieht, macht er sich schnell davon. Die Frau hält den Rock jedoch so fest, dass dieser zurückbleibt. Sie zeigt ihn späterhin ihrem Mann zum Beweis, dass Josef versucht habe, sich an ihr zu vergreifen. – Wieder ein Rock, der ihm vom Leib gerissen wird und mit Betrug verbunden ist. Potifar lässt Josef ins Gefängnis werfen. Dort verbleibt er gemeinsam mit dem Hofbäcker und dem königlichen Mundschenk, die hohe Positionen am Hof des Pharaos bekleidet hatten, aber in Ungnade gefallen waren. Eines Nachts träumten sie beide. Der Mundschenk träumte, er habe einen Weinstock mit drei Reben vor sich, beladen mit üppigen Trauben. Er pflückt sie und presst sie in einen Becher aus, den er dem Pharao reicht. Der Bäcker träumte, er trage drei Körbe mit Broten auf seinem Kopf. Im obersten befand sich Feingebäck, eine Delikatesse, bestimmt für den Pharao, aber ständig pickten Vögel daran. Josef deutet die

Träume. Er prophezeit, der Mundschenk werde in drei Tagen in Gnaden wieder aufgenommen und werde dann wie ehedem dem Pharao den Becher reichen. Der Bäcker schaut ihn erwartungsvoll an. Auch seine drei Körbe stehen für drei Tage. Aber ansonsten hat er es mit seinem Traum nicht gut getroffen: Josef prophezeit ihm, dass er gehängt werde. Die Vögel seien ein Verweis auf Aasvögel, die das Fleisch von seinen Knochen picken würden. Drei Tage später wird der Bäcker tatsächlich gehängt, während der Mundschenk seine Position zurückerhält. Josef hatte ihm ans Herz gelegt, ein gutes Wort beim Pharao für ihn einzulegen, aber wie das so geht – kaum zurück am Hof, erforderten die täglichen Pflichten seine volle Aufmerksamkeit, Josef wurde vergessen. Erst zwei Jahre später erinnerte sich der Mundschenk wieder an ihn, als er den Pharao über seine Träume sprechen hörte.

Auch die beiden Träume des Pharao gehören zusammen. Erst träumte er, sieben schöne wohlgenährte Kühe seien aus dem Wasser des Nils gestiegen und hätten an den Ufern zu weiden begonnen. Wenig später seien ihnen sieben hässliche magere Kühe gefolgt, schrecklich anzusehen: »Nie habe ich in ganz Ägypten so hässliche Kühe gesehen.« Sie fraßen die wohlgenährten Kühe auf, blieben aber ebenso mager wie zuvor. Im zweiten Traum wurden sieben volle Ähren verschlungen von sieben kümmerlichen Ähren, versengt vom Ostwind. Der Pharao ließ alle Wahrsager und Weisen zum Hof kommen, aber keiner konnte ihm sagen, was diese Träume zu bedeuten hatten. Da erinnerte sich der Mundschenk an den hebräischen Jüngling, mit dem er und der Bäcker im Gefängnis gesessen hatten, Potifars Sklaven, und wie genau seine Deutung ihrer Träume in Erfüllung gegangen war.

Josef wird aus dem Gefängnis geholt, bekommt neue Kleider, rasiert sich und wird vor den Pharao geführt. Beide Träume, erklärt er, bedeuten dasselbe. Mit der Wiederholung habe Gott gezeigt, dass sein Beschluss feststehe: Sieben fette Jahre, gefolgt von sieben mageren. Die Jahre der Hungersnot werden die Erinnerung an den Überfluss verdrängen.

Diese Träume setzen vieles in Bewegung: Josef erhält den Siegelring des Pharao, der ihn zum Ratsherrn befördert. Er wird zum Mächtigsten im Lande, gleich nach dem Pharao, auf seinen Vorschlag werden während der fetten Jahre große Vorräte angelegt. Steuern, in natura oder anders, werden verdoppelt. Nach den sieben fetten Jahren folgen Missernten, auch in den Nachbarländern, der Hunger treibt Josefs Brüder zu den ägyptischen Vorräten und das komplizierte Spiel von Genugtuung und Vergebung, Strafe und Versöhnung beginnt.

Was ist über diese sechs Träume zu sagen, als Träume an sich? Sie ähneln nicht gerade den Träumen, die Sie und ich so haben. Träume sind meist chaotisch, voller seltsamer Wechsel von Zeit und Ort, Fragmente passen kaum zueinander, es gibt merkwürdige Löcher, und nur höchst selten vermitteln sie uns das Gefühl, eine Botschaft zu enthalten. Die Träume um Josef dagegen, und das gilt für alle Träume in der Bibel, sind nie *ohne* Botschaft. Die Brüder und Jakob erfassten sofort die Bedeutung dessen, was Josef geträumt hatte. Und wenn die Botschaft dem Träumenden selbst nicht klar war – siehe Pharao, siehe Nebukadnezar –, gab es eben die Josefs und Daniels, die einen privilegierten Zugang zur wahren Bedeutung des Traums haben. Diesen verdanken sie ihrerseits wiederum Gott, der mit prophetischen Träumen so ganz nebenbei noch einmal unterstreicht, dass die Zukunft in seiner Hand liegt. Auch die mächtigsten Herrscher, und das waren der Pharao und Nebukadnezar, stehen letzten Endes unter seiner Herrschaft. Er lenkt sogar ihre Nächte, wie man an den Träumen ablesen kann. Durch die Wiederholung desselben Themas mit anderen Symbolen in einem zweiten Traum, wie bei Josef und dem Pharao, lässt Gott keinerlei Zweifel an der Bedeutung des Traums. Die Missernten *kommen* und die gesamte Familie *wird* sich letzten Endes vor Josef verneigen.

Die orthodoxe Seite des Christentums steht damit vor einem heiklen Problem. Wenn Gott in der gesamten Bibel – denn auch der Josef im Neuen Testament hat entsprechende Träume – mithilfe von Träumen kommuniziert, macht er das immer noch? Oder hat er irgendwann damit aufgehört? Sollen wir jemandem glauben, der sagt, er habe in seinen Träumen eine Botschaft von Gott erhalten? Gibt es noch immer prophetische Träume? Die Antworten auf solche Fragen, die man im Internet durchaus finden kann, sind eher Warnungen. Erstens: Auch falsche Propheten berufen sich traditionell auf Träume und Visionen. Zweitens: Die Bibel ist ein abgeschlossenes Buch; was Gott uns zu sagen hat, steht darin geschrieben, es ist nicht notwendig und sogar gefährlich, in heutigen Träumen noch Botschaften Gottes zu sehen. Der prophetische Traum als Genre ist in unserer Kultur in paranormalen Sphären angelangt, ein Christ hat dort nichts verloren.

In vielerlei Hinsicht sind Träume wie die in der Bibel als Elemente einer Kultur zu erkennen, die in dieser Form nicht mehr existiert. Auch in anderen Religionen und Mythologien wurde viel geträumt, und all diesen Träumen ist gemein, dass sie eine Bedeutung haben. Was sich in den Träumen abspielt, steht für etwas, Träume enthalten Analogien, Symbole, es sind, um es neutestamentarisch auszudrücken, Gleichnisse. Weise und Wahrsager konnten zwar über die Bedeutung des Traums unterschiedlicher Meinung sein, aber es stand fest, *dass* er etwas bedeutete, auch für die Träumenden selbst. Sehr viel später, 1900, als Freud seine *Traumdeutung* publizierte, ließ er diesen Gedanken unangetastet, auch in der Psychoanalyse hat alles, was in einem Traum geschieht, eine Bedeutung. Aber für Freud war es in der Wissenschaft des Traums ein großer Schritt nach vorn, *sein* Schritt, dass diese Bedeutung nicht mehr in der Intervention eines Gottes oder mehrerer Götter gesucht werden musste, sondern im unbewussten Triebleben des Träumenden selbst. Das fand seinen Ausdruck noch immer in Symbolen und es war auch noch immer ein Deutender vonnöten, der Psychoanalytiker, aber der Ursprung des Traums lag ausschließlich in der Person selbst. Inzwischen ist diese Kultur auch schon wieder größtenteils Geschichte. Wir leben in einer »Träume sind Betrug«-Kultur. Maßgeblichen neurologischen Theorien zufolge sind Träume buchstäblich Hirngespinste, ein Gewebe aus Bildern, verursacht von zufälligen Entladungen in den Teilen des Gehirns, die nachts aktiv bleiben müssen, weil sie für vitale Körperfunktionen wie Herzschlag und Atmung verantwortlich sind.[4] Diese Theorien haben einem etwas dürftigen Bild von Träumen Vorschub geleistet. Müsste die Bibel in unserer Zeit geschrieben werden, hätte man andere Formen der Offenbarung gewählt und Träume hätten vielleicht keine so bedeutende Position mehr.

Die Josef-Geschichte ist für mich vierzig Jahre später eine andere, eine bessere Geschichte geworden. Es zeigt sich ein Unterschied zwischen Jung und Alt, der ausnahmsweise einmal zum Vorteil des Älteren gereicht: Die Möglichkeiten, sich mit Figuren zu identifizieren, haben sich erweitert. Als Kind und Heranwachsender identifiziert man sich fast von Natur aus mit den dem eigenen Erleben am nächsten stehenden Figuren: Gleichaltrigen oder solchen, die auch hin und wieder Schwierigkeiten mit Brüdern und Schwestern haben. Diese Identifikation ist mit dem Älterwerden nicht verschwunden, aber es kommen neue hinzu: mit dem Vater zum Beispiel, dem Mann, der im Alter ein Kind verliert, sein Lieblingskind. Mit der Mutter, die sieht, wie das Kind seinen Geschwistern vorgezogen wird. Oder mit dem ältesten Bruder, der die Verantwortung verspürt, auf jeden Fall Josefs Leben erhalten zu wollen. Oder mit den Brüdern, die sich in der Liebe ihres Vaters zurückgesetzt fühlen. Für den älteren Leser tritt Josef einige Schritte zurück, er verlässt den Mittelpunkt des Kreises und nimmt seinen Platz zwischen den anderen Figuren ein.

Dank dieser umfassenderen Perspektive versteht man auch den beginnenden Ärger der Brüder. Schon als Josef den ersten Traum erzählt – »Hört, was ich geträumt habe ...« –, befürchtet man das Schlimmste. Junge, sei doch vernünftig, du brauchst doch nicht alles zu erzählen, was du denkst! Früher hätte ich vielleicht gedacht: Wenn er das geträumt hat, darf er es doch auch erzählen! Beim erneuten Lesen denkt man daran, wie es für die Brüder gewesen sein muss, einen so von sich eingenommenen Traum zu hören. Und dann macht er es noch einmal: »Ich träumte noch einmal: Die Sonne, der Mond und elf Sterne verneigten sich tief vor mir.« Sonne und Sterne? Also Tag und Nacht im Mittelpunkt? Ist das nicht ein etwas kindischer Traum, dafür, dass er schon siebzehn Jahre alt ist?

Als Älterer kann man auch bemerken, was nicht erzählt wird. Die Josef-Geschichte ist eine Männergeschichte. Die einzige Frau darin ist die zurückgewiesene Frau Potifar. Josef hatte noch eine Halbschwester, Dina, aber sie taucht in der Aufzählung der Kinder, die Jakob gezeugt hatte (»Zwölf Söhne hatte Jakob«), nicht auf. Ganz am Ende der Geschichte, als Josef zum sterbenden Jakob kommt, hat er seine beiden Söhne Manasse und Ephraim mitgenommen, um sie von ihrem Großvater segnen zu lassen; hatte auch Josef keine Töchter?

Der ältere Leser kann Einzelheiten zu sehen beginnen, die das Kindergedächtnis nie erreicht haben, schlicht und einfach, weil sie beim Vorlesen oder in Kinderbibeln ausgelassen worden waren. Josef spricht mithilfe eines Dolmetschers mit den Brüdern, sie haben keine Ahnung, dass er alles verstehen kann, was sie untereinander sagen. Sie haben ausgeplaudert, dass es noch einen jüngsten Bruder gibt, der zu Hause bei ihrem Vater geblieben sei. Josef schickt sie mit der Nachricht nach Hause, Benjamin müsse auch kommen. Das verweigert Jakob. Ruben drängt. »Ich verbürge mich für Benjamins Leben«, sagt er. Und dann macht er ein merkwürdiges Angebot: »Meine beiden Söhne magst du umbringen, wenn ich ihn dir nicht zurückbringe.« Dies entstammt einer für uns wirklich nicht mehr nachvollziehbaren Mentalität. Stellen Sie sich Jakobs Position vor – wer würde nach dem Verlust eines Sohnes auch noch zwei Enkel verlieren wollen? Und auch wenn es nicht mehr als eine Redensart gewesen sein sollte, der stärkste denkbare Nachdruck, den Ruben seinem Versprechen, Benjamin sicher wieder zurückzubringen, verleihen kann, verweist sie dennoch auf eine Art zu denken, die uns mittlerweile unendlich fern ist.

Die Themen der Josef-Geschichte sind zeitlos. Sie handelt von Rissen in Familienbanden und deren

Wiederherstellung. Jakob hatte Kinder mit Rachel, aber auch mit ihrer Schwester Lea und darüber hinaus noch mit Bilha, Rachels Sklavin, und mit Zilpa, Leas Sklavin. Außerdem hat Ruben in einem unbewachten Moment mit Bilha geschlafen, also mit der Mutter von zweien seiner Halbbrüder. All diese Söhne bildeten eine bunte Gesellschaft aus Voll- und Halbbrüdern, Kindern von Frauen und Nebenfrauen, eine Situation, in der es umso schlimmer scheint, eines der Kinder so zu bevorzugen, dass es isoliert wird, sichtbar für alle auch durch diesen Rock. Und dann fällt den Halbbrüdern auch noch ein, den Lieblingssohn ihres Vaters zu verkaufen.

Das darf man guten Gewissens eine dysfunktionale Familie nennen. Schlimmere Risse kann man sich kaum vorstellen. Wie soll das jemals wieder in Ordnung kommen? Aber gerade darum geht es im Kern der Geschichte. Wenn Josef sich hätte rächen wollen, hätte er den ganzen Haufen gleich an Ort und Stelle aufhängen lassen können. Das macht er nicht, offensichtlich ist er auf etwas anderes aus. Er beginnt ein raffiniertes Spiel, um herauszufinden, ob sich seine Brüder des Ernstes dessen, was sie ihm angetan haben, eigentlich bewusst sind. Sie hatten bekannt, zwölf Brüder zu sein. Aber vor ihm stehen sie zu zehnt. Wie kommt das? Der jüngste, erklären sie, Benjamin, sei bei seinem Vater geblieben und »einer ist nicht mehr«. Sie müssen sich dazu gedacht haben: ›Den haben wir verkauft.‹ Josef lässt sich nichts anmerken. Er verlangt, dass sie noch einmal zurückkommen und dann auch

Benjamin mitbringen. Simeon wird in Gewahrsam genommen, er wird bis zu ihrer Rückkehr in Ägypten bleiben müssen. Die Brüder sehen keinen Ausweg und gestehen sich ein: »Ach ja, wir sind an unserem Bruder schuldig geworden. Wir haben zugesehen, wie er sich um sein Leben ängstigte. Als er uns um Erbarmen anflehte, haben wir es ihm nicht gewährt. Darum ist nun diese Bedrängnis über uns gekommen.« Josef versteht alles, verzieht aber keine Miene. Dann hört er Ruben sagen: »Habe ich euch nicht gesagt: Versündigt euch nicht an dem Kind! Ihr aber habt nicht gehört. Nun wird für sein Blut von uns Rechenschaft gefordert.« Josef muss sich schnell abwenden, er kann seine Tränen nicht mehr zurückhalten. Es folgt ein weiterer Test. Josef gibt ihnen Säcke voller Getreide mit, sie werden nicht verhungern. Aber als einer von ihnen unterwegs einen Sack öffnet, liegt das Geld noch obenauf. Auch bei den anderen scheint das Geld zurückgelegt worden zu sein. Sie haben das Getreide also eigentlich gar nicht bezahlt. Werden sie es bei der Rückkehr abgeben oder stecken sie es ein?

Jakob weigert sich erst, Benjamin mitzugeben – natürlich: »Ihr bringt mich um meine Kinder. Josef ist nicht mehr, Simeon ist nicht mehr und Benjamin wollt ihr mir auch noch nehmen. Nichts bleibt mir erspart.« Aber die Hungersnot hält an. Wenn sie nichts tun, werden sie alle verhungern. Schließlich lässt er sich überreden. Die Brüder ziehen wieder nach Ägypten. Sicherheitshalber haben sie die doppelte Menge Geldes bei sich. Josef fragt, ob ihr alter Vater noch lebt. Ja sicher, er lebt noch, es geht ihm gut. Wieder verneigen sie sich tief.

> Als er hinsah und seinen Bruder Benjamin, den Sohn seiner Mutter, erblickte, fragte er: Ist das euer jüngster Bruder, von dem ihr mir erzählt habt? Und weiter sagte er: Gottes Gnade sei mit dir, mein Sohn. Dann ging Josef schnell weg, denn er konnte sich vor Rührung über seinen Bruder nicht mehr halten; er war dem Weinen nahe. Er zog sich in die Kammer zurück, um sich dort auszuweinen. Dann wusch er sein Gesicht, kam zurück, nahm sich zusammen und ordnete an: Tragt das Essen auf!

Simeon ist auch wieder dabei, zum ersten Mal sind sie zu zwölft, auch wenn die Brüder glauben, zu elft zu sein. Es stellt sich heraus, dass es eine Tischordnung gibt. Josef platziert die Brüder exakt in der Reihenfolge ihrer Geburt. Sie schauen einander verwundert und wahrscheinlich auch ein wenig beklommen an: Was *weiß* dieser Mann alles von uns? Sie müssen noch einen weiteren Test bestehen. Auf der Rückreise werden sie von Josefs Soldaten verfolgt. Ausgerechnet in Benjamins Gepäck finden sie Josefs silbernen Trinkbecher. Zur Strafe soll Benjamin in Ägypten bleiben. Aber jetzt erweisen sich die Brüder wirklich als Familie: Die ganze Gesellschaft kehrt um, alle Brüder kommen zum Hof und wollen Josef umstimmen, Benjamin doch mit ihnen zurückreisen zu lassen. Sie fallen vor ihm auf die Knie – der Traum ist erfüllt. Juda hält ein langes und

bewegendes Plädoyer. Erst dann ist Josef zufrieden-
gestellt. Er schickt alle weg, den Dolmetscher, die Leibwache und die Bediensteten, und gibt sich seinen Brüdern endlich zu erkennen. Josef weint so laut, steht da,
dass es bis in den Palast des Pharao zu hören ist.

Die Blutsbande, die ihn zu Beginn der Geschichte
nicht vor seinem Schicksal bewahren konnten, erweisen sich schließlich als stark genug für eine Versöhnung. Aber wahre Vergebung ist nicht möglich ohne
ein Bewusstsein dessen, *was* vergeben werden soll, deswegen all diese Manöver, damit die Brüder dieselbe To-
desangst verspüren, die er selbst empfunden hat. Hier
gibt es kein alttestamentarisches Auge um Auge, Zahn
um Zahn – im Gegenteil, er versöhnt sich mit seinen
Brüdern; weil er Böses nicht mit Bösem vergilt, gelingt
es ihm, den Bruch zu heilen. Darin steckt auch die Er-
mutigung der Josef-Geschichte. Wenn Risse wie diese
noch geheilt werden können, darf *jeder* auf eine Versöhnung hoffen.

Die Geschichte endet, wie man Geschichten gerne
enden sieht, mit einer scharenweisen Wiedervereinigung. Josef schickt sein Brüder beladen mit Ge-
schenken und Lebensmitteln zu Jakob zurück. Alle
Brüder bekommen neue Kleider, Benjamin, sein einziger echter Vollbruder, sogar gleich fünf – das Bevorzugen lag wohl doch ein wenig in der Familie. Er gibt
ihnen auch Geld mit, dreihundert Silberstücke, fünfzehn Mal so viel, wie er selbst einst eingebracht hatte.
Josef lädt die gesamte Familie ein, ihr Land der Missernten und Hungersnöte zu verlassen und nach Ägyp-

ten zu kommen. So wohnt Jakob im hohen Alter noch siebzehn Jahre in Ägypten, wo es ihm an nichts mangelt. Tatsächlich wird Josef so zum Familienoberhaupt – der zweite Traum, der in Erfüllung geht. Als Jakob im biblischen Alter von hundertsiebenundvierzig Jahren stirbt, befindet er sich im Kreise seiner Kinder und Enkel. Auch Josef soll ein gesegnetes Alter erreichen, er erlebt noch die Geburt seiner Urenkel.

Dieses Bild, Glück, eine wiedervereinte Familie, ein hohes Alter, drückt aus, was mit Versöhnungsbereitschaft zu gewinnen ist. Das sind die letzten Zeilen der Genesis. Sie bestätigen die Botschaft der Geschichte, so wie der zweite Traum jeweils eine Bestätigung des ersten war.

In einem Essay über nochmaliges Lesen schrieb Allegra Goodman, jedes Mal, wenn man eine Geschichte oder ein Buch lese, falte man ein Stück der Erinnerungen und Sehnsüchte des jeweiligen Augenblicks zwischen die Seiten. Beim erneuten Lesen finde man einige davon wieder.[5] Das gilt auch für biblische Geschichten und Predigten darüber, sie laden zur Projektion ein. Lesend oder zuhörend legt man seine eigenen Erwartungen und Sorgen hinein. Die Geschichten offerieren einem zwar keine Lösung, bieten jedoch einen Anhaltspunkt für Reflexionen. Das bedeutet auch, dass sie ihre Gestalt verändern können, begleitend zu den Veränderungen im eigenen Leben. Mit jedem erneuten Lesen können neue Themen auftauchen, Linien sichtbar werden, die zuvor nicht da gewesen zu sein scheinen. Dass der eigentliche Erfolg Josefs nicht in Ansehen und Reichtum in Ägypten liegt, wie man als Kind vielleicht gedacht hat, sondern in der Art, wie er den Bruch mit seiner Familie heilte, ist die Lesart eines Mannes in seinen Sechzigern, vielleicht sogar speziell dieses Sechzigjährigen.

Meine Zeit war die beste

Drei Männer in den Sechzigern kommen auf die Bühne. Der Mann mit dünnem rötlichem Haar nimmt seinen Platz am Schlagzeug ein. Die beiden anderen gehen weiter nach vorn. Der Bassgitarrist wirkt zerbrechlich. Sein Gesicht sieht aus, als hätte jemand versucht, ein Papierknäuel wieder glatt zu streichen. Der Gitarrist trägt ein locker fallendes Jeanshemd.

Sie können noch nicht anfangen. Im Saal und auf den drei Rängen des riesigen Theaters haben sich achttausend Menschen für eine minutenlang anhaltende Standing Ovation erhoben. Dann nickt der Schlagzeuger, er ist so weit, und es erklingt das Intro von »I'm So Glad«. Das Reunion-Konzert von *Cream* hat begonnen.

Die vier Abende von *Cream* in der Royal Albert Hall waren das wichtigste Pop-Event 2005 und vielleicht auch der Jahre davor und danach. Eric Clapton hatte eine Wiedervereinigung immer weit von sich gewiesen. Dass es nun auf seine Initiative hin doch noch dazu kam, hatte Gerüchten zufolge mit der Gesundheit und den finanziellen Problemen der anderen Bandmitglieder zu tun: Jack Bruce hatte 2003 mit knapper Not eine Lebertransplantation überlebt, Ginger Baker litt an Arthritis. Für die Außenwelt kam die Ankündigung einer Wiedervereinigung vollkommen unerwartet. Die Karten waren innerhalb einer Stunde ausverkauft. Danach war der Preis für die Konzerte auf dem Schwarzmarkt bis auf 2500 Pfund gestiegen. Im Publikum saßen die Größen der Rockgeschichte: Paul McCartney, Ringo Starr, Jimmy Page, Brian May, Steve Winwood, Roger Waters, Bill Wyman.

Mit ihrem Auftritt in der Royal Albert Hall schlossen Clapton (damals 60), Bruce (61) und Baker (64) einen Kreis. Am selben Ort hatten sie im November 1968 ihr Abschiedskonzert gegeben. In den gut zwei Jahren, in denen *Cream* bestand, hatte die Band vier Alben herausgebracht. In dieser Zeit waren Klassiker wie »Strange Brew«, »Badge«, »Crossroads«, »Sunshine Of Your Love« und »White Room« entstanden. Gibt es Fünfzig- oder Sechzigjährige, die nicht mal ab und an gedankenlos »tired starlings«, »restless diesels«, »yellow tigers crouched in jungles« vor sich hin summen? Doch der Erfolg und dreihundert Konzerte in dreißig Monaten hatten *Cream* aufgefressen und Ende 1968 waren sie vollkommen verbraucht. Freund und Feind waren sich einig, dass das Abschiedskonzert den Erwartungen nicht gerecht wurde. Das Aus kam keinen Moment zu früh. Ginger Baker sagte später, die Band sei minütlich schlechter geworden.

Die Plakate für die Reunion-Konzerte und das Cover der kurz darauf erschienenen Konzert-DVD hatte John van Hamersveld gestaltet, der 1967 für die *Beatles* die Plattenhülle von *Magical Mystery Tour* entworfen hatte.[1] Er verlieh dem Cover für *Cream* ein ausdrückliches Sixties-feel mit einer Beschriftung in Knallgelb und Rot, und gezeichneten Porträts von Clapton, Baker und Bruce, wie sie Ende der Sechzigerjahre aussahen. Auch er muss gespürt haben, dass die Bedeutung dieser Konzerte in der Fähigkeit lag, eine ganze Generation fast vierzig Jahre zurück in die Zeit von Psychedelika und Liquid Light Shows reisen zu lassen.

Konfrontation

Hits brauchten *Cream* nie. Weder in England noch in Amerika haben sie jemals eine Single in den Charts platziert. Ihre Anhänger kauften lieber gleich die LPs, von denen ungefähr fünfunddreißig Millionen (in zwei Jahren!) verkauft wurden. Viele Songs waren für Singles zu lang. Der Beliebtheit von *Cream* tat dies keinen Abbruch. Nachdem die Konzert-DVD erschienen war, füllte sich die Amazon-Website schnell mit rund vierhundert Besprechungen. Manche Fans bedauerten, dass Clapton alle Songs auf seiner Stratocaster begleitet hatte statt auf der Gibson – wie früher – oder dass er bei »White Room« keine Effekte benutzt hatte (»Man spielt ›White Room‹ mit einem Wah-Wah-Pedal – oder gar nicht«), aber in vier von fünf Kommentaren wurden der DVD fünf Sterne gegeben.

In den Kommentaren fallen zwei Dinge auf. Fast jeder verweist auf das Alter oder die Gesundheit der *Cream*-Mitglieder. Jemand schreibt, er hätte sich auf das Schlimmste gefasst gemacht – »geriatrische Versionen meiner alten Idole« –, aber jeder von ihnen hätte gespielt wie zu seinen besten Zeiten. Es gibt einen durchgängigen Tenor in den Besprechungen:

>»Ginger Baker mag nicht mehr der Jüngste sein, aber er prügelt immer noch das Leben aus seinem Schlagzeug heraus.«*

>»Jack sieht furchtbar dünn aus, aber seine Fähigkeiten als Bassist und Sänger sind noch die alten.«*

>»Bruce, Baker und Clapton mögen alt aussehen, aber sie bringen es immer noch – mordsmäßig!«*

>»Ja, sie sind gealtert, aber die Qualität ihrer Performance lässt all das wieder aufscheinen, was Cream für mich und eine ganze Generation getan haben.«*

>»Bruce sieht sehr schwach aus, fast so als würde er jeden Moment kollabieren, aber seine Musik klingt, als würde ein Zwanzigjähriger sie machen.«*

Jedes für sich ein Kompliment, zweifelsohne. Aber dass in all diesen Sätzen ein »aber« steht, verrät, was offenbar jeder heimlich für die Regel hält: In der Popmusikbranche baut man blitzschnell ab, wenn man älter wird. Während man einem älteren Musiker in der Klassik durchaus noch für eine Interpretation gratulieren möchte, die an Tiefe und Raffinesse gewonnen hat, ist man bei alternden Popmusikern vor allem erleichtert, wenn sie ihr Niveau behalten haben.

Aber noch auffälliger an den Beurteilungen ist das Alter der Verfasser; manche geben es an, bei anderen kann man es schätzen, zum Beispiel, weil sie erzählen, sie hätten *Cream* noch auftreten sehen, als sie um die sechzehn waren. Der weitaus größte Teil der Besprechungen stammt von Fans zwischen fünfzig und sechzig. Für sie war das Konzert vieles zugleich. Es machte deutlich, dass auch sie mittlerweile fast vierzig Jahre älter waren. Durch die Wiederbelebung der Erinnerung an die Konzerte der Jugend während des aktuellen Konzerts schien es, als wären diese vierzig Jahre ruck, zuck vorbeigegangen. Das Konzert konfrontierte sie mit ihrem Alter, ihren Erinnerungen, mit dem Kurs, den ihr Leben genommen hatte. Der eine assoziierte »I Feel Free« mit einem Urlaub, den er mit der Liebe seines Lebens in London verbracht hatte, und dachte nun bedauernd daran, dass sie aus seinem Leben verschwunden war. Ein anderer erinnerte sich, wie er mit seiner eigenen Band Songs von *Cream* zu spielen versucht hatte. Es kamen Erinnerungen zurück an die Mode, die Puffärmelblusen und Westen, an die Langhaar- und Afrofrisuren. Jemand hatte bemerkt, dass Ginger Baker noch immer die Angewohnheit hatte, seine Hosenbeine aufzurollen, damit sich das Pedal nicht darin verhaken konnte, es erinnerte ihn an die Zeit, als er selbst Schlaghosen trug. Manchmal waren auch negative Bewertungen mit nur einem einzigen Stern an Erinnerungen geknüpft, beispielsweise, wenn sich der Verfasser darüber beklagte, dass das neue Konzert nicht an das heranreichte, das er 1966 besucht hatte. Ein Mädchen schrieb in aller Arglosigkeit ein paar Zeilen, die den Alterseffekt zusammenfassten. Sie hätte die DVD für ihren Freund gekauft und sie bei einer Party abgespielt. Sie selbst habe sich nicht so darauf einlassen können, sagte sie ehrlich, aber »die Ü-50-Jungs fanden es klasse«.

Endfünfzig- und Sechzigjährige werden schon seit geraumer Zeit von Gedächtnispsychologen intensiv beobachtet, und das nicht, weil ihr Gedächtnis in dem Alter nachzulassen beginnt – obwohl auch das wahr ist. Vor etwa dreißig Jahren entdeckte man, dass dieses Alter mit einem faszinierenden Phänomen verbunden ist, das den Rückgang der Gedächtnisleistung zu relativieren scheint: dem Reminiszenzeffekt.[2] Inzwischen wurde er in Hunderten von Studien dokumentiert, im psychologischen Labor, aber auch in »freier Wildbahn«.

Ein typisches Experiment verläuft folgendermaßen:[3] Man bat Versuchspersonen unterschiedlichen Alters, vier ausgesprochen lebendige Erinnerungen zu erzählen, Erinnerungen, die sie ganz sicher in ihre Autobiografie aufnehmen würden, sollten sie diese jemals schreiben. Danach sollten sie angeben, wie alt sie zum Zeitpunkt dieses Ereignisses waren. Vierzigjährige schöpften dabei ziemlich gleichmäßig aus den verschiedenen Phasen ihres Lebens. Das konnte etwas sein, was passiert war, als sie fünfzehn oder dreißig waren, aber auch etwas, was gerade mal ein paar Jahre her war. Bei Versuchspersonen über sechzig verhielt es sich anders. Die Erinnerungen, die sie erzählten, stammten häufig aus der Phase, in der sie ungefähr zwischen fünfzehn und fünfundzwanzig waren, mit einem Höhepunkt um ihr zwanzigstes Lebensjahr. Übertragen in Histogramme oder Grafiken, sieht man bei Versuchspersonen aus dieser Alterskategorie, wie die Zahl der Erinnerungen ab ihrem zehnten Lebensjahr schnell ansteigt, den Höhepunkt um die zwanzig erreicht und dann Richtung dreißig wieder abflaut. Aus der Phase, in der sie vierzig oder fünfzig waren, erzählen sie im Verhältnis viel weniger. Wegen dieser charakteristischen Erhöhung in der Adoleszenz spricht man auch von einem »Reminiszenzhöcker«. Der Reminiszenzeffekt beginnt, wenn Menschen auf die sechzig zugehen, und wird danach immer stärker. Er ist bei Achtzigjährigen stärker als bei Sechzigjährigen, und es gibt sogar eine Studie, die gezeigt hat, dass der Reminiszenshöcker bei Menschen von über hundert Jahren wiederum noch höher ist als bei den »Jungspunden« von achtzig.[4]

Auch außerhalb des Labors begegnet einem der Reminiszenzhöcker. Was man für eine denkwürdige Leseerfahrung hält – die eine Passage, die einem etwas über einen selbst oder das Leben verdeutlichte, das eine Buch, nach dessen Lektüre man wusste, was man studieren oder werden wollte –, findet sich in einem relativ schmalen Zeitfenster wieder: zwischen vierzehn und vierundzwanzig.[5] Die wenigen Male, die sich ein Sechzigjähriger an ein Buch erinnerte, das er mit vierzig gelesen hatte und das für ihn eine denkwürdige Leseerfahrung gewesen ist, sind verschwindend gering.

Auch in autobiografischen Werken ist der Reminiszenzeffekt nachweisbar. Wer Autobiografien »alter« Autoren, sagen wir, über siebzig, mit denen »junger« Autoren vergleicht, jedenfalls jünger als sechzig, kann feststellen, dass die älteren dem Muster des Reminiszenzhöckers folgen: Sie widmen der Zeit, in der sie zwischen fünfzehn und fünfundzwanzig Jahre alt waren, viele Seiten und deutlich weniger Seiten einer ebenso langen Phase aus ihren mittleren Jahren. Bei jüngeren Autoren ist dieser Höcker zwar vorhanden, aber viel weniger ausgeprägt.

Über die Gründe für den Reminiszenzeffekt herrscht noch große Unklarheit. Die Erklärung, das Gedächtnis sei um die zwanzig in Bestform und könne Erfahrungen daher auch besser speichern, kann nicht alles abdecken, da bei Dreißig- und Vierzigjährigen dann auch schon etwas von diesem Effekt erkennbar sein müsste. Das Seltsame ist aber gerade, dass er sich erst zeigt, wenn man auf die sechzig zugeht. Aus Experimenten mit älteren Menschen, die mit dreißig emigriert waren, wird deutlich, dass auch andere als neurologische Faktoren einen Einfluss auf den Effekt haben müssen. Bei ihnen stellte sich heraus, dass der Höcker ein wenig in die Zeit verrutscht ist, in der sie viele »erste Male« erlebt hatten: eine neue Sprache, eine andere Arbeit, ein neues Haus, neue Freunde. Diese Verschiebung kann mit der Reife des Gehirns nichts zu tun haben. Analysen von Erinnerungen aus der Reminiszenzperiode haben jedoch gezeigt, dass diese relativ viele »Erste-Mal-Erfahrungen« sind, nicht nur *das* erste Mal, sondern auch der erste Urlaub ohne Eltern, der erste Tag einer Ausbildung, das erste Popkonzert und im umfassenderen Sinne: das erste Gespräch, das einen tief beeindruckte, dieser eine Film, diese eine denkwürdige Begegnung. Gerade diese Erinnerungen bewegen sich offensichtlich in einem älter werdenden Gedächtnis gegen die Zeitrichtung: Chronologisch geraten sie immer weiter weg, im Gedächtnis kommen sie näher als je zuvor.

Was macht die Zeit sonst so mit den Erinnerungen? – Auf jeden Fall dies: Sie sorgt dafür, dass jeder von uns ein Zeitfenster hat, das er – meist unausgesprochen – als »seine Zeit« betrachtet. Psychologen haben bemerkt, dass es nicht viel Sinn hat, eine Versuchsperson direkt danach zu fragen, was sie als »ihre Zeit« sieht, denn dann folgt meist eine ausweichende Antwort: ›Das sind allerlei Phasen und Perioden in meinem Leben, es gibt nicht speziell eine Periode, die ich als »meine Zeit« bezeichnen würde.‹ Versteckt man dieselbe Frage in einer Aufgabe, zögert kaum jemand, und gibt einen bestimmten Zeitraum als »seine Zeit« an. In einem Experiment wurden ungefähr einhundert Menschen zwischen sechsundzwanzig und siebenundsechzig Jahren gebeten, fünf Filme zu nennen, die sie für »ihre Zeit« charakteristisch hielten, Filme, die sie anderen empfehlen würden, um zu verstehen, was sie und ihre Zeitgenossen bewegte.[6] Was sie unter »ihrer Zeit« verstehen sollten, wurde absichtlich nicht festgelegt. Für keinen war es ein Problem, solche

Filme zu nennen. Mit einer erstaunlichen Genauigkeit handelte es sich bei fast allen Versuchspersonen um Filme, die sie mit zwanzig gesehen hatten. Viele unserer Vorlieben entstehen in dieser Zeit und ändern sich danach nicht mehr gravierend. Fragt man Menschen danach, wer der beste James Bond war – Roger Moore, Sean Connery, Timothy Dalton, Pierce Brosnan oder Daniel Craig –, wählen sie den Schauspieler, der ihn spielte, als sie etwa zwanzig waren. ›Mein Bond war der beste.‹ Das Gleiche gilt für das Urteil über »den besten Fußballer aller Zeiten«: Die drei meistgenannten Namen (in einer Internetumfrage unter Niederländern) waren Pelé, Cruijff und Maradona, jeweils mit ihrer eigenen Fangemeinde, die um die siebzehn war, als diese Spieler ihre besten Jahre hatten.[7] Offenbar sind in unserem Gedächtnis Erinnerungen aus dieser Zeit so privilegiert abgespeichert, dass sie unseren Vorlieben und Aversionen einen nicht mehr auszulöschenden Stempel aufgedrückt haben.

Pop-Fenster

Viele Versuche zum Reminiszenzeffekt arbeiten mit Stichwörtern: Man gibt den Versuchspersonen ein Wort vor – Zirkus, Kirche, Konzert – und bittet sie dann, eine Erinnerung zu erzählen, die sie mit diesem Wort verbinden. Der Psychologe Schulkind und seine Kollegen fragten sich, ob Popmusik nicht ein viel zugkräftigeres Stichwort für Erinnerungen sein könnte.[8] Musik ist emotional aufgeladen, oft verbunden mit einer bestimmten Periode oder mit spezifischen Erlebnissen im Leben eines Menschen. Sie gaben ihrem Artikel den Untertitel »They're playing your song«.

Sie stellten einen Pool aus sechzig Songs zusammen, die zwischen 1935 und 1994 Hits gewesen waren. Aus jedem Jahr wählten sie einen Song, der in den Top 20 war, aber nicht an erster oder zweiter Stelle und in den Jahren danach in den Top 20 nicht mehr vorkam. Songs von Elvis Presley, den *Beatles,* den *Stones* und ähnlich großen Namen wurden nicht in den Pool aufgenommen, wegen des Risikos, dass sie noch einmal auf *Greatest Hits*-LPs oder *Best of*-CDs erschienen waren. Aus jedem Song wurde ein Fragment von zwanzig Sekunden geschnitten (in dem der Titel nicht vorkam). An dem Experiment nahmen zwei Gruppen von Versuchspersonen teil: Die eine Gruppe war zwischen achtzehn und einundzwanzig Jahren, die andere zwischen fünfundsechzig und siebzig. Beiden Gruppen wurden die Fragmente vorgespielt und sie mussten eine Reihe von Fragen beantworten:

Haben Sie diesen Song schon einmal gehört?
Welchen Titel trägt der Song?
Wie heißt der Interpret/die Band?
In welchem Jahr war dieser Song beliebt?
Wie finden Sie ihn? *(auf einer Skala von abscheulich bis hervorragend)*
Welches Gefühl ruft dieser Song bei Ihnen hervor?
(sehr unglücklich/sehr glücklich)

Erinnert Sie diese Nummer an etwas, das in Ihrem Leben geschehen ist? *(spezifisches Ereignis/ allgemeine Periode)*

Manche Ergebnisse liegen auf der Hand. Die jungen Versuchspersonen erkannten die Songs am besten, je neuer diese waren, die Älteren kannten jüngere Hits dagegen selten. Sie erkannten dafür die meisten Details (Titel, Interpreten, Band) von älteren Songs. Die Jüngeren erzielten prinzipiell allerdings ein viel höheres Niveau korrekter Antworten. Kein Wunder: Für die Älteren lag bisweilen ein halbes Jahrhundert zwischen diesem Experiment und der Zeit, in der die Nummer ein Hit war. Weniger vorhersagbar war, dass der emotionale Gehalt bei den Jüngeren höher lag als bei den Älteren. Die Intensität der Gefühle, die mit einem Song verbunden sind, scheint bei Älteren verblasst zu sein. Für beide Altersgruppen galt, dass die Musikfragmente als Erinnerungsstichwörter sehr effektiv waren. Aber es gab einen ganz deutlichen Unterschied: Die Jüngeren erinnerten sich häufiger an bestimmte Ereignisse, ihre Erinnerungen bezogen sich auf eine besondere Begebenheit. Ältere erinnerte die Musik an eine bestimmte Zeit ihres Lebens, nicht so sehr an ein ganz konkretes Erlebnis.

Im Anhang des Artikels befindet sich die vollständige Liste der Titel, die in das Experiment aufgenommen worden waren. Ich war überrascht, wie stark sich die Musik »meiner Generation« gegen die anderer abgrenzt. Ich bin 1953 geboren. Der Chronologie der

Liste folgend, sah ich bis Mitte der Sechzigerjahre nur ein paar Songs, von denen ich vorher schon mal gehört hatte. 1965 kommt der erste Hit, an den ich mich aus meiner Jugend erinnere: »Mrs. Brown, You've Got A Lovely Daughter« von *Herman's Hermits*. Danach folgt eine fast ununterbrochene Reihe mir überaus bekannter Songs: »How Can You Mend A Broken Heart?«, »Nights In White Satin«, »Midnight Train To Georgia«, »Rubberband Man«, »Do That To Me One More Time«. Das geht so weiter bis Anfang der Achtzigerjahre und endet dann auch ziemlich plötzlich nach »Hard To Say I'm Sorry« (1982) von *Chicago*. Was danach kommt, ist mir unbekannt: Ich habe keine Ahnung, wie »Missing You« klingt oder »Everybody Wants To Rule The World«. Auch Interpreten und Bands sagen mir nichts mehr. Patty Austin? John Waite? *Milli Vanilli*? Who are these people? Für mich ergibt sich ein »Pop-Fenster« von etwa fünfzehn Jahren; das meiste dessen, was früher oder später kam, hat mein Gedächtnis offenbar nicht erreicht.

Ob dies wirklich auf eine »empfindsame Phase« für Popmusik verweist, ist nicht sicher. Um die dreißig bekommen viele Menschen Kinder, und wiederum ein paar Jahre später ist die Wahrscheinlichkeit, zu Hause Kinderlieder mitzusingen, größer, als dass man die aktuelle Popmusik verfolgt. Die meisten Leute gehen seltener aus, haben keine Zeit mehr für Popkonzerte oder ihre Interessen verlagern sich im Laufe der Zeit in Richtung Klassik. Das Pop-Fenster schließt sich nach und nach leise, auch wenn man wie bei einer allmählichen Verengung des Sichtfeldes im ersten Moment nichts davon merkt.

Aber es ist noch schlimmer. Auch die *Wertschätzung* für Popmusik liegt im Rahmen dieses Fensters. Zwei amerikanischen Forschern fiel auf, wie stark die Würdigung von Songs und Genres an Lebensalter gebunden war.[9] Holbrook, geboren 1943 und der Ältere der beiden, hörte am liebsten Musik aus den Fünfzigerjahren, Schindler, aufgewachsen zur Zeit der *Beatles*, wartete ungeduldig darauf, dass *Sgt. Pepper* und *Abbey Road* endlich auf CD erschienen. Seine etwas jüngere Frau war noch immer vernarrt in *Genesis* und Bruce Springsteen. Sie beschlossen, diese Wertschätzung etwas systematischer zu untersuchen. Rund einhundert Versuchspersonen zwischen 16 und 86 wurden Fragmente aus Hits von 1932 bis 1986 vorgespielt mit der Bitte, ihre Wertschätzung auf einer Skala zwischen 1 und 10 anzugeben. Das Ergebnis war eindeutig. Die höchste Würdigung erhielten Songs, die zum Hit wurden, als der Befragte gerade um die zwanzig war. Die Spitze lag bei dreiundzwanzig Jahren. Danach fiel die Kurve wieder ab. Die Grafik hat die Form eines auf dem Kopf stehenden Us und lässt sich so zusammenfassen: »Die beste Popmusik wurde gemacht, als ich Anfang zwanzig war, danach ging es steil bergab.«

Holbrook und Schindler sind Marketingexperten. Ihre Studie erschien nicht in einer psychologischen Zeitschrift, sondern in einem Fachblatt für Konsumforschung. Wer ein wenig weiterdenkt, versteht, warum. Angenommen, ein Auto soll beworben werden. Es geht

Zusammenhang zwischen
musikalischer Vorliebe und Alter

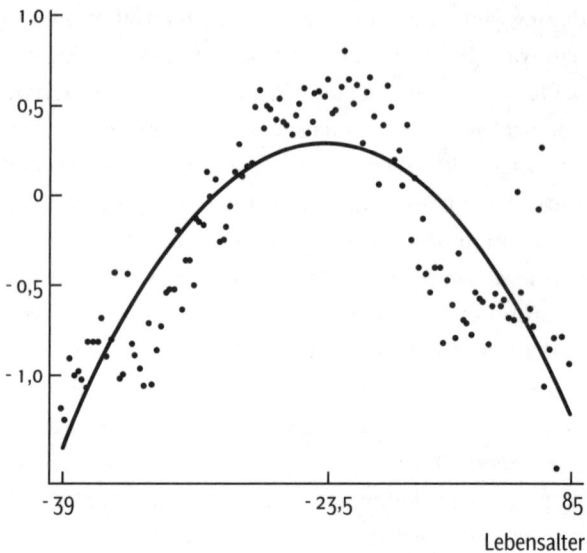

musikalische Vorliebe

Lebensalter

Die Grafik zeigt, dass Menschen die Popmusik am meisten schätzen, die »in« war, als sie um die dreiundzwanzig Jahre alt waren. Negative Altersangaben gehören zu Songs, die erschienen, bevor der Befragte geboren war.

um ein Cabrio in einer sportlichen, aber luxuriösen Ausführung. Obere Preisklasse. Zielgruppe: der Mann, der sich jünger fühlt – oder fühlen will – als der Vierzigjährige, der er ist. Welcher Song wäre als Hintergrundmusik geeignet? Das Rezept ist einfach. Der zukünftige Käufer ist zwischen 1965 und 1975 geboren. Schlägt man gut zwanzig Jahre drauf, weiß man, dass man für die Hintergrundmusik einen Hit auswählen muss, der innerhalb des Fensters 1988 bis 1998 liegt.«Wind Of Change« (1991) von den *Scorpions* würde passen oder sonst vielleicht »Get Outta My Dreams, Get Into My Car« von Billy Ocean (1988). Die Marketingabteilung von Renault bediente sich dieses Rezepts mit mathematischer Präzision: 1986, haargenau zwanzig Jahre nachdem er für *Cream* »I Feel Free« geschrieben hatte, nahm Jack Bruce den Song erneut auf, dieses Mal, um den Renault 21 an den Mann zu bringen. Die Fans von *Cream* hatten mittlerweile junge Familien und waren auf der Suche nach einem bequemen Familienwagen.

Manche Gleichaltrige mögen sagen: »Aber es *ist* doch einfach so, dass die beste Popmusik Ende der Sechziger, Anfang der Siebziger gemacht wurde! Die *Stones* auf dem Höhepunkt, die *Beatles*, Superbands wie *Cream*, *Blind Faith*, *Led Zeppelin*, *Deep Purple*. Es war die Zeit der Gitarrenhelden, von Jimi Hendrix, Eric Clapton, Ritchie Blackmore – wir lassen uns doch nicht weismachen, in den Achtzigern sei noch Popmusik auf *diesem* Niveau produziert worden! Von wem denn? *The Sweet*? *Duran Duran*? Nein, wirklich nicht. Unsere Zeit war die beste.«

Das ist eine Gewissensfrage. Schaut man durch das

gleiche Zeitfenster, ist es verführerisch, zu bestätigen, dass unsere Jugendjahre aufgrund eines glücklichen Zufalls exakt mit dem Höhepunkt der Geschichte der Popmusik zusammenfielen. Aber ein Psychologe muss die Ergebnisse des Experiments sprechen lassen und erklären, dass gerade die Tatsache, dass wir uns hierüber so einig sind, uns als Generationsgenossen definiert. Wir schauen durch dasselbe Fenster. Dass wir dann auch hinter denselben statistischen Gittern sitzen, übersehen wir jedoch.

Manchmal ziehen Eltern ihre Kinder unbeabsichtigt hinter dieselben Gitter. Kinder von Leuten, die jetzt um die sechzig sind, haben zu Hause oft Musik aus der Phase gehört, die ihre Eltern als »ihre Zeit« betrachten. Das führt zu seltsamen Gleichungen. Angenommen, die Eltern sind 1950 geboren, ihr Pop-Fenster läuft also grob geschätzt von 1965 bis 1980. Sie bekommen Mitte der Siebzigerjahre Kinder. Diese Kinder hörten dann in *ihrem* Pop-Fenster – den Jahren um 1995 – nicht nur ihre eigene Musik aus dieser Zeit, sondern auch die ihrer Eltern. Die Existenz solcher »Kaskadeneffekte« wurde bereits nachgewiesen.[10] Dies würde auch die ewige Wiederkehr der Sechzigerjahre erklären, sichtbar in der Entstehung von *tribute bands* und Neuausgaben ursprünglicher Aufnahmen in edlen Sammelboxen. Auch das ist in der Konsumforschung eine gut verinnerlichte Konsequenz des Reminiszenzeffektes: Die Generation, die jetzt über Geld verfügt, kauft lieber die DVD des Reunion-Konzerts ihrer alten Helden, als sich neue Helden zu suchen.

Die alten Helden bekommen es in der Zwischenzeit mit ganz anderen Rückwirkungen des Reminiszenzeffekts zu tun.

Ein altes Leiden

Mit vierzehn durfte Peter Baker (»Ginger« war sein Spitzname) einen Brief lesen, den sein Vater elf Jahre zuvor, 1942, für ihn geschrieben hatte. Vater Baker diente bei einer Armeeeinheit für Spezialeinsätze, und ihm war bewusst, dass er dabei umkommen könnte. Das geschah auch, 1944. Der Brief ist eine Aufstellung all dessen, was Baker seinem Sohn an gutem Rat und Lebenslektionen mitgeben wollte. Der Auftakt lautete: »Nun, Peter, ich möchte, dass du als ein Mann aufwächst, der für sich selbst eintreten kann und der gelernt hat, seine Fäuste zu benutzen, denn das sind doch oft die besten Freunde.«[11] So ziemlich alle anderen folgenden Ratschläge – trink nicht zu viel, fang nicht an zu rauchen, aber wenn es doch sein muss, nimm lieber eine Pfeife – schlug Baker voller Überzeugung in den Wind, aber den ersten hat er sich zu Herzen genommen. Schon in der Grundschule geriet er in heftige Raufereien und 2012 begann die seinem Leben gewidmete Dokumentation *Beware of Mr. Baker* mit der Szene, in der Baker, inzwischen dreiundsiebzig, dem Regisseur mit einem Schlag die Nase bricht.[12] Seiner Autobiografie gab er den Titel *Hellraiser*.

Und dann war es auch noch sein Schicksal, dass er

während der intensivsten Jahre seiner Laufbahn sehr eng mit einem hitzigen Schotten verbunden war, Jack Bruce. Gleich ab ihrer ersten Begegnung im Jahr 1962 hatten sie als Musiker einen heiligen Respekt voreinander: Jeder hielt den anderen in aller Aufrichtigkeit für den Weltbesten. Man findet zugleich keine zwei Musiker, die ihre jeweiligen Unarten schlechter ertragen konnten als Bruce und Baker. Als Jack Bruce 2010 von seinem Biografen gefragt wurde, ob ihre Animosität in der Geschichtsschreibung der Popmusik nicht einen etwas allzu mythischen Umfang angenommen habe, war die Antwort entschieden: Nein![13]

Bruce spielte seinerzeit bei *Alexis Korner Blues Inc.* Der Schlagzeuger der Band erkannte schon früh, dass Bruce gemeinsam mit Baker spielen musste, und ließ ihm daher galant den Vortritt, eine Geste, für die Baker Charlie Watts immer dankbar geblieben ist. Nicht lange danach traten beide der *Graham Bond Organisation* bei. Dort begannen ihre Zusammenstöße, die in den kommenden vierzig Jahren das Muster ihrer nervenzehrenden Zusammenarbeit bilden sollten. Eines Abends begann Bruce – wie Baker sich erinnert – mit seinem Bass zu spielen, als Baker gerade bei seinem Schlagzeugsolo war, mittendrin brüllte Bruce sogar durchs Mikrofon, er – Baker – spiele zu laut. Mitten in *Bakers* Schlagzeugsolo! Baker kam fuchsteufelswild hinter seinem Schlagzeug hervor und stieß Bruce von der Bühne. Als er zum Schlagzeug zurückging und sich noch einmal kurz umdrehte, sah er, dass Bruce ungerührt wieder auf die Bühne geklettert war. Das Ganze lief auf ein

Handgemenge hinaus, bei dem die Sicherheitskräfte einschreiten mussten. Das Publikum hatte inzwischen »She Loves You, Yeah, Yeah, Yeah!« angestimmt. Bei späteren Auftritten sabotierten sie sich gegenseitig die Anlagen oder wurden handgreiflich, weil der eine fand, dass der andere sein Solo zu lange ausdehnte. Die Situation wurde unhaltbar, und die Band beschloss, einer von beiden müsse gehen. Das war Bruce. Über die Einzelheiten seines Weggangs gehen die Erinnerungen auseinander, sogar bei derselben Person. Ginger Baker erzählte in einem Interview, Bruce sei nach seinem Rausschmiss einfach weiterhin zu den Auftritten gekommen, in der Erwartung, er könne wieder mitspielen. Zum Schluss sei Baker nichts anderes mehr übrig geblieben, als sein Messer zu zücken und Bruce buchstäblich »at knife's end« aus der Umkleide zu drängen. Aber in seiner Autobiografie – von ihm selbst gepriesen als »die wahre Geschichte, wie sie sich wirklich zugetragen hat« – erinnerte er sich an einen weniger gewalttätigen Hergang.[14] Eines Abends sei er von Manfred Mann angerufen worden, der wissen wollte, wie Bruce in der Zusammenarbeit so war. Baker lobte ihn über die Maßen (»Great bloke. Really cool.«) und ein paar Tage später hätte er mit Bruce auf dessen Bandwechsel angestoßen.[15] Bruce hingegen erinnerte sich an die Version mit dem Messer.[16]

Auch darüber, wie ausgerechnet diese beiden wieder zusammen in einer Band landeten, gehen die Erinnerungen der Bandmitglieder auseinander. Eric Clapton schrieb in seiner Autobiografie, Ginger Baker sei zu einem Auftritt in Oxford gekommen und habe ihm angeboten, ihn in seinem Rover 3000 mit zurück nach London zu nehmen. Während der Fahrt fragte Baker, ob er in seiner neu zu gründenden Band spielen wolle. Clapton: »Ich sagte, dass ich es mir überlegen würde, aber nur, wenn Jack Bruce dabei wäre. Er wäre beinahe in den Graben gefahren.«[17] In Bakers Erinnerung hatte er sein Angebot einfach während einer Pause in der Umkleide gemacht. Aber egal, *wo* es passierte – als Clapton seine Bedingung nannte, läuteten bei Baker alle Alarmglocken. Seine Frau Liz setzte sich im Auto allerdings auch für Bruce ein. Baker überlegte schließlich gnädig, dass Bruce eine zweite Chance verdiene. Er hoffe, dass er inzwischen »seine Lektion gelernt habe«.[18] Jetzt musste er nur noch Bruce selbst fragen. Der stimmte einem Gespräch zu, aber auf neutralem Boden, schließlich sei er bei ihrer letzten Begegnung beim »wrong end of a knife« gelandet. In der Erinnerung von Bruce hat Baker bei dem Treffen dann viel »Süßholz geraspelt«. Daran wiederum erinnert sich Baker gar nicht (»absolute crap«); sie hätten einfach eine Tasse Tee zusammen getrunken, er habe zu Bruce »Schwamm drüber« gesagt, und dieser sei nur allzu froh darüber gewesen, mitmachen zu dürfen.[19] Von der ersten Probe an in einer abgelegenen Kirche (einer Schule laut Clapton) war erneut klar gewesen, dass sie musikalisch wie füreinander gemacht waren.

Die fünf Kapitel über *Cream* in Bakers Autobiografie handeln auch von Musik. Aber vor allem sind sie eine Chronik der Zusammenstöße von Baker und Bruce. Sie gerieten über wirklich alles in Streit, worüber man sich in einer Band so streiten kann: wer der Manager werden sollte, die Gagen, die Groupies, die Länge der Soli. Baker passte es erst recht nicht, dass Bruce, der zusammen mit dem psychedelischen Dichter Pete Brown ein äußerst produktives Songwriterduo bildete, an den Rechten von Songs wie »White Room« und »Sunshine Of Your Love« schon bald sehr viel Geld zu verdienen begann, mehr als Baker und Clapton zusammen. Baker hegte zwar keine linkspolitischen Sympathien, hätte hier aber lieber eine Verteilung nach sozialistischen Prinzipien gesehen. Schließlich war es ihm zu verdanken, dass das Intro von »White Room« in jenem mitreißenden Fünfviertel-Bolero-Takt stand statt des langweiligen Vierviertaktatks, den Bruce vorgeschlagen hatte (Bruce erinnert sich anders daran).

Ein zweiter roter Faden in Bakers Geschichte sind die Beschwerden darüber, wie laut die anderen spielten. Bruce und Clapton begannen mit jeweils einem oder zwei Marshallverstärkern, aber im Laufe der Zeit entstanden ganze Mauern aus Boxen auf der Bühne, und Baker bekam Ohrenschmerzen davon. Wenn er abends wieder im Hotel war, produzierten seine Ohren noch stundenlang verrückte Geräusche. Baker: »Das war der Anfang vom Ende meines Gehörs.«[20] Auch Bruce' Ausreden hingen ihm zum Hals raus: Ja, tatsächlich, er spiele jetzt mit einem doppelten Set Marshalls, aber die eine sei nur eine Reserve für den Fall, dass die andere den Geist aufgebe. Baker glaubte ihm kein Wort.

Nach dem zigsten Handgemenge musste Baker schwören, Bruce nie wieder zu schlagen. An dieses Versprechen hat er sich gehalten, aber seine »me wanting to kill Jack mood« war nur mit immer größeren Alkoholmengen zu betäuben. Es grenzt an ein kleines Wunder, dass sie es noch etwas länger als zwei Jahre miteinander ausgehalten haben. Vom Abschiedskonzert 1968 weiß Baker nur noch, dass die Lautstärke wieder viel zu hoch war. Nach der letzten Zugabe verließen sie an diesem Abend die Bühne und alle drei gingen grußlos ihrer Wege.

Liest man in den jeweiligen Biografien von Bruce, Baker und Clapton zwischen den Zeilen, bemerkt man bei jedem von ihnen Verletzlichkeit und blank liegende Nerven. Bruce war vier Jahre jünger als Baker – in dem Alter ein großer Unterschied – und schaute anfangs sehr zu ihm auf. Als er sich allmählich zum Sänger und Songwriter entwickelte und zum informellen Bandleader wurde, stieß das Baker übel auf, und er begann verächtliche Scherze und abwertende Bemerkungen auf seine Kosten zu machen. Bruce fühlte sich zudem durch die Freundschaft zwischen Clapton und Baker isoliert. Eric Clapton seinerseits fühlte sich oft, wenn sie zusammen spielten, von der magischen Verbindung zwischen Baker und Bruce ausgeschlossen. In ihrer Rivalität förderten sie beim jeweils anderen das Beste zutage. »So nahe man ihnen auch zu stehen glaubte«, schrieb er, »letzten Endes stand man doch außen vor.«[21] Er hat oft versucht, in ihren Konflikten zu vermitteln, verstand nicht, warum sie so heftig aufeinander losgingen, und war we-

gen seiner eigenen Machtlosigkeit manchmal den Tränen nahe. Baker schließlich war verletzt, weil er das
Gefühl hatte, die anderen hielten ihn eben »nur für
den Schlagzeuger«. Er wurde wütend wegen allem, was
als Benachteiligung aufgefasst werden konnte. Alle drei
hatten ein großartiges Gedächtnis für die Kränkungen,
durch die sie sich in ihrem Gefühl des Abgelehntwer-
dens bestätigt fühlten.

Natürlich hatte ich recht

Dass sich siebenunddreißig Jahre später überhaupt
noch die Gelegenheit für eine Wiedervereinigung ergab, war geradezu ein medizinisches Wunder. Der
schwer drogenabhängige Jack Bruce war nach seiner Heirat mit der Deutschen Margrit Seyffer in ruhi-
gerem Fahrwasser gelandet und Mitte der Achtzigerjahre gelang ihm der Heroinentzug. Aber 2003 stellte
sich heraus, dass seine Leber ernsthaft in Mitleidenschaft gezogen worden war. Er unterzog sich einer Lebertransplantation. Um seine Stimmbänder nicht zu
schädigen, wurde er durch eine Öffnung in der Luft-
röhre beatmet. Nach der Operation traten Komplikationen auf und er fiel ins Koma. Genau an dem Tag, an
dem man beschlossen hatte, die Beatmung abzuschal-
ten, machte seine Nierenfunktion kleine Fortschritte.
Im April 2004 konnte er entlassen werden. Mithilfe
eines Stimmcoaches begann er sich auf die Reunion-
Konzerte in der Royal Albert Hall vorzubereiten.

Bereits während der Proben drohte die Wiedervereinigung zu scheitern. Beim erstbesten Song, »Spoon-
ful« waren sich Baker und Bruce schon über die Phra-
sierung uneinig. Clapton erinnert sich daran als ein
»kleines Geplänkel«.[22] Auch laut Bruce hatte es nicht
viel zu bedeuten, sie hatten eben eine »musikalische
Meinungsverschiedenheit«, mehr nicht: »Ginger hatte
recht, und ich entschuldigte mich bald.«[23] Aber bei
Ginger war eine alte Wunde geöffnet:

> Beim ersten Mal, als wir »Spoonful« spielten, schien
> Jack das Arrangement nicht zu kennen. Wie üblich
> bestand er darauf, dass er recht habe, und ich fand,
> dass er immer noch die alte Arroganz an den Tag
> legte, Schlagzeuger seien keine Musiker und müss-
> ten einfach die Klappe halten und spielen. Nun, wir
> spielten das alte Tape von »Spoonful« ab und natür-
> lich hatte ich recht, denn ich hatte das ursprüng-
> liche Arrangement geschrieben. Das passierte dann
> noch ein paarmal und Eric hatte allmählich schon
> die Nase voll. Fast wäre es wieder schiefgegangen,
> bevor wir überhaupt angefangen hatten – bis sich
> Jack entschuldigte.[24]

Danach war es ihnen wundersamerweise gelungen,
den Frieden zu wahren. Die Proben verliefen ansonsten harmonisch. Während der Auftritte herrschte eine
sichtbar fröhliche, freundschaftliche Atmosphäre. In
Interviews – auch auf der DVD zu finden – ließen sich
Baker und Bruce in freundlichsten Worten übereinan-

der aus, beide waren glücklich, dass sie die »Differenzen« hatten hinter sich lassen können. Baker erinnerte sich positiv an die »Chemie«, die sie damals bei *Cream* hatten und die nun bei der Wiedervereinigung wie von Zauberhand zurückgekehrt war. Er könne es kaum fassen, dass so viele Jahre dazwischengelegen hatten, es fühle sich an, als hätten sie nur ein paar Wochen Urlaub gemacht. Es wurden Pläne geschmiedet für weitere Auftritte nach dem Sommer, vielleicht eine Tournee. Im Oktober folgten tatsächlich noch drei Konzerte im Madison Square Garden in New York. Auch diese Auftritte sollten einen Kreis schließen. Aber dieses Mal ganz anderer Art.

Nach dem Sommer, bei den Vorbereitungen zu den Konzerten in New York – sie hatten gerade mal zwei Stunden geprobt –, waren alle alten Verstimmungen wieder da. Clapton war der Ansicht, es sei schon zu diesem Zeitpunkt vollkommen verkehrt gelaufen: »In dieser kurzen Zeit hatten wir innerlich in die Sechziger zurückgeschaltet und kamen uns wieder wie die Größten vor.«[25] Zu allem Überfluss hätte Bruce seinen Verstärker laut Baker so irrsinnig laut gedreht, dass er die restlichen Konzerte über taub gewesen sei. Um sich selbst hören zu können, hatte er immer lauter geschlagen. Daraufhin hatte Bruce ins Mikrofon gebrüllt, er spiele viel zu laut. »Der Grund, weshalb wir 1968 auseinandergingen«, sagte Baker 2008 in einem Interview, »war auf der Bühne des Madison Square Garden plötzlich wieder manifest. Man merkt, dass ich auf nette Art über Eric rede, aber es war ja noch jemand in der

Gruppe. Das Problem war nicht nur die Lautstärke der Bassgitarre, sondern auch, in Gegenwart von zwanzigtausend Menschen gedemütigt zu werden.«[26] Inzwischen waren drei Jahre vergangen, sein Gehör hatte sich noch immer nicht erholt. Laut Jack Bruce war alles nur ein Missverständnis. In seiner Autobiografie erklärte er, er habe den zweiten Teil des Sets auf seinem steglosen Bass gespielt und deswegen hätten die Boxen näher bei Ginger gestanden als die von seinem normalen Bass. Dadurch habe Ginger natürlich gedacht, er habe die Lautstärke aufgedreht. Hätten die Boxen genau andersrum gestanden, wäre nichts passiert. Als sie die Bühne verließen und auf die Zugabe warteten, habe er sich noch bei Baker entschuldigt, es sei wirklich keine Absicht gewesen. Für Baker aber hieß das nur, dass auch die sattsam bekannten Ausreden von Bruce wieder da waren.»Hatte uns London die ruhmreichen Zeiten von 1966 wieder zurückgebracht, schickte uns New York in die schlechte alte Zeit von 1968 zurück«, seufzte er.[27]

Auch das ist der Reminiszenzeffekt: Männer um die sechzig, die sich nicht aus den Streitereien lösen können, die sie mit Mitte zwanzig hatten. Kaum wieder in der Konstellation von damals zusammen, verfielen sie den alten Rollen und Verhältnissen; die alten Muster und Empfindsamkeiten kamen wieder auf. Fühlten sich vor dem Sommer die Jahre zwischen dem Bruch und der Wiedervereinigung für Baker höchstens wie »ein paar Wochen Urlaub« an, wurde dieser Eindruck nach dem Sommer dadurch negativ vertieft, dass auch die alten Streitereien ohne einen Hauch von Abschwächung wieder in neue übergingen. Die dazwischenliegenden Jahre hatten der Verbitterung nichts genommen. Die Erinnerungen an die Ereignisse von damals hatten eine Bewegung gegen die Zeitrichtung gemacht und schienen nun, bei ihrer Rückkehr, geradezu noch schwerer zu handhaben.

»Im Nachhinein gesehen«, schreibt Clapton, »hätten wir es bei den Konzerten in London belassen sollen.« Nach dem erneuten Bruch hatte keiner mehr Lust, *Cream* noch einmal zusammenzubringen. Selbst Ginger Baker, der nach den Reunion-Konzerten seine Gage in eine südafrikanische Zucht von Polopferden investiert hatte und damit schon bald wieder gescheitert war, hielt sich mit neuen Plänen zurück. Nur wenig später kam das definitive Aus für *Cream:* Jack Bruce starb 2014, im Alter von einundsiebzig Jahren.

Die Vergessenspille

Wenn es eine Vergessenstechnik gäbe, würden Sie sich ihrer bedienen? Ich habe diese Frage einmal einer Runde von Psychiatern gestellt. Für eine Berufsgruppe, deren Ansichten oft deutlich auseinandergehen, waren die Antworten erstaunlich einhellig. Die Formulierungen wiesen leichte Unterschiede auf, aber dies war in etwa der Kern ihrer Aussagen: »Nein, das würde ich nicht tun. Auch schmerzliche, beschämende oder kränkende Erinnerungen haben dazu beigetragen, dass ich zu dem wurde, der ich bin. Sie haben ebenso wie schöne Erinnerungen meine Identität bestimmt. Ohne diese Erinnerungen würde sozusagen ein Teil von mir ausgelöscht sein. Und außerdem: Schmerzliche Erinnerungen haben eine Signalfunktion, sie sorgen dafür, dass mir dies nicht noch ein zweites Mal passiert, sie schützen mich vor Schwierigkeiten.« Manche Psychiater fügten noch hinzu, solche Erinnerungen gehörten vielleicht sogar zu ihrer therapeutischen Grundausstattung. Sie würden ihnen helfen, besser zu verstehen, wie schwierig es für ihre Patienten sein kann, mit bestimmten Erinnerungen zu leben. Das ist eine durchdachte Antwort, die zusammenfasst, wie auch viele Nicht-Psychiater begründen, weshalb es für sie nicht infrage käme, eine Vergessenstechnik zu nutzen.

Nun eine zweite Frage: *Haben Sie schon einmal eine Erinnerung an sich selbst aus dem Gedächtnis eines anderen entfernen wollen?*

Manchmal dauert es eine Weile, bis die Frage richtig verstanden wird, aber dann erinnern sich die meisten Menschen durchaus an einen solchen Moment, an das beschämendste Ereignis ihres Lebens mit nur einem einzigen Zeugen – wie gerne würden sie bei ihm oder ihr diese eine Erinnerung entfernen. Oft ruft dieser eine Moment Bilder von anderen peinlichen Situationen hervor, und schnell hat man vier, fünf Erinnerungen an unangenehme Situationen zusammen, die man durchaus gern bei den jeweiligen Zeugen löschen würde. Auch in der Diskussion mit den Psychiatern verschwanden hier alle Skrupel. Dass der andere diese Erinnerung möglicherweise sehr schätzt, spielte keinerlei Rolle. Dass solche Erinnerungen für den anderen eine Signalfunktion haben könnten – »Ich würde *nie* ...« –, war auch kein Hindernis mehr. Die Umsicht, mit der man Erinnerungen im eigenen Gedächtnis begegnet, schien verschwunden, wenn es um Erinnerungen anderer ging. Wer um Beispiele bittet, bekommt übrigens nur »angenehme« zu hören, Ereignisse, die zwar peinlich, aber auf witzige Weise peinlich waren, nie Situationen, die wirklich zu peinlich sind, um sie sich wieder ins Gedächtnis zu rufen, Erinnerungen, die einen dreißig oder vierzig Jahre später noch die Schamesröte ins Gesicht treiben können, sogar, wenn man allein ist.

Das Thema, Erinnerungen löschen zu können – aus

dem eigenen Gedächtnis oder dem eines anderen –, hat eine lange Tradition. Der Athener Feldherr Themistokles beklagte sich schon im fünften Jahrhundert vor Christus über eine fehlende Vergessenstechnik. Redner hatten zwar eine *ars memoriae* entwickelt, eine Gedächtnistechnik, um ein Vielfaches dessen zu behalten, was ein untrainiertes Gedächtnis aufzeichnen kann, aber nichts, was dem Gedächtnis helfen könnte, sich dessen zu entledigen, was es belastet. Was fehlte, war eine *ars oblivionis*. Heute ist es nicht anders. Das Gros der Forschungen richtet sich auf die Verbesserung des Gedächtnisses. Die pharmazeutische Industrie hat im vergangenen halben Jahrhundert Milliarden in Studien zu Lernpillen oder Medikamenten gesteckt, um die Verwüstungen aufzuhalten, die zum Beispiel Alzheimer und andere Demenzerkrankungen im Gedächtnis anrichten. Neurologische oder psychologische Experimente zur Mehrung des Wissens über das Vergessen haben nur ein Ziel: das Vergessen anschließend besser bekämpfen zu können.

Aber in den letzten Jahren sind in führenden Zeitschriften wie der *Scientific American* oder der dem Massachusetts Institute of Technology verbundenen *Technology Review* Veröffentlichungen erschienen, die sich auf den ersten Blick eher auf das Gegenteil einer Lernpille beziehen, nämlich auf eine »Vergessenspille«. Sie tragen Titel wie »Erasing painful memories«, »Deleting memories«, »Repairing bad memories« oder sogar »The forgetting pill: how a new drug can target your worst memories – and erase them forever«.[1] Auch

Die Zeit fragte sich in einem Artikel mit der Überschrift »Die Pille zum Vergessen«: »Lässt sich das Gedächtnis künftig per Arznei reinigen?«.[2] All diese Artikel berichten von Studien über pharmazeutische Stoffe, die möglicherweise einen tilgenden Effekt auf Erinnerungen haben. Es hat bereits Experimente in den Ambulanzen einiger großer Krankenhäuser gegeben, in denen man versuchte, die psychologischen Folgen traumatischer Ereignisse mit einer Vergessenspille pharmakologisch zu mildern. »In sehr naher Zukunft«, schreibt Lehrer in einer Abhandlung über chemische Interventionen im Gedächtnis, »wird man sich entscheiden können, ob man sich erinnern will.«[3] Oder vergessen. Die Frage, ob man sich einer Vergessenstechnik bedienen – oder sie anderen empfehlen – würde, ist nicht nur ein Gedankenexperiment, sondern auch ein Dilemma, vor das man tatsächlich gestellt werden könnte. Wenn Ihnen ein Arzt oder ein Psychiater anbietet, ein Rezept für eine Vergessenspille auszustellen, welche Antwort werden Sie ihm geben?

In der x-ten Querspalte der x-ten Windung

Schriftsteller und Cineasten haben Welten entworfen, in denen es diese Vergessenstechniken längst gibt. In dem Science-Fiction-Film *Total Recall* (1990) von Paul Verhoeven werden ganze Erinnerungspakete aus dem Speicher eines Computers vorübergehend in das Gehirn der Nutzer übertragen und nach Ablauf der Vertragslaufzeit auch wieder daraus entfernt. Es ist ein Gedankenexperiment über das Verhältnis zwischen Gedächtnis und Identität. Die Hauptfigur Quaid, Bauarbeiter und glücklich verheiratet mit Lori, verwandelt sich durch ein neues Erinnerungspaket in einen Geheimagenten, der eine Mission zum Mars hinter sich hat; dank eines weiteren Pakets erinnert er sich daran, dass er in Wirklichkeit Hauser heißt und nie mit Lori verheiratet war. In *Eternal Sunshine of the Spotless Mind* (2004, deutsch *Vergiss mein nicht!*) begegnen sich Clementine und Joel bei einem Strandspaziergang. Sie verlieben sich und beginnen eine Beziehung. Anfangs sind sie sehr glücklich, aber nach einer Weile ist Clementine seiner überdrüssig. Alles an ihm beginnt sie zu nerven und sie beschließt, die Beziehung zu beenden. Und nicht nur das: Sie will auch ihre Erinnerungen an ihn loswerden. Er soll aus ihrem Gedächtnis verschwinden. Ein obskures Medizinlabor, die Firma Lacuna, kann ihr helfen. Nach einem Aufnahmegespräch, in dem sie erzählt, wie nervig Joel ist, stülpt man ihr ein Gerät über den Kopf, das an einen Computer angeschlossen ist. Ein Löschprogramm sorgt dafür, dass alle Erinnerungen an Joel verschwinden. Lacuna kümmert sich auch noch um die Nachsorge: Clementines Freunde, Nachbarn und Kollegen erhalten eine Postkarte, die sie darüber informiert, dass Clementine ihre Erinnerungen an Joel hat löschen lassen und dass sie darum bittet, sie nicht mehr auf ihre Beziehung anzusprechen. Per Zufall fällt auch Joel eine solche Karte in die Hände. Wütend meldet er sich nun ebenfalls bei

Lacuna: Er will seine Erinnerungen an Clementine löschen lassen. Es ist fast vorhersagbar, was passiert, als die beiden einander nach der Behandlung wieder begegnen. Und so ist es: Sie verlieben sich erneut, fangen erneut eine Beziehung an – und es geht wieder schief. Denn das ist der Tenor dieses Gedankenexperiments: Wer Erinnerungen löschen lässt, ist dazu verdammt, seine Fehler zu wiederholen.

Aber die Konsequenzen all dieses absichtlichen Löschens wurden auch schon einmal in viel älterer Science-Fiction ausgemalt. 1953 veröffentlichte Belcampo – Pseudonym des niederländischen Arztes Herman Schönfeld Wichers (1902–1990) – die Geschichte *De achtbaan* (Die Achterbahn).[4] Er erzählt darin, wie sich der Umgang mit dem Erinnern und Vergessen in den kommenden hundert Jahren entwickeln könnte. Als *De achtbaan* erschien, muss man sie als eine vollkommen absurde Geschichte gelesen haben, aber gut sechzig Jahre später, nachdem ein guter Teil von Belcampos Zukunft zu unserer Vergangenheit geworden ist, kann man sehen, wie präzise er die möglichen Folgen einer Vergessenstechnik schon damals erkannt hat. Computer kommen nicht darin vor, sein Weg zu einer Vergessenstechnik ist die Psychochirurgie. Als Belcampo 1937 sein Medizinstudium aufnahm, wurden die Gehirnoperationen des kanadischen Neurochirurgen Wilder Penfield bekannt. Diese Operationen wurden bei vollem Bewusstsein der Patienten durchgeführt. Um den Herd epileptischer Anfälle aufzuspüren, tastete Penfield die Oberfläche des Gehirns mit einer Elektrode ab und beobachtete die Reaktionen des Patienten. Bei Reizung des Schläfenlappens erzählten manche Patienten von eigenartig detaillierten Erinnerungen. Dies schien zu beweisen, dass Erinnerungen an einer ganz bestimmten Stelle im Gehirn zu lokalisieren sind.[5] Damit wusste Belcampo etwas anzufangen. In dem Roman macht er einen Sprung von zwölf Jahren:»Um 1965 wird man sagen können: In der x-ten Querspalte der x-ten Windung liegt, in einem Bereich von soundsoviel Quadratmikron, meine Reise in die Ardennen.« Diese Erkenntnis eröffne therapeutische Möglichkeiten. Denn manche Erinnerungen seien so bösartig, dass sie das Seelenleben dauerhaft vergiften. Und noch zehn Jahre weiter sei die Mikrolokalisation so verfeinert, dass diese Erinnerungen operativ entfernt werden könnten, die »Mnemexstirpation«. Die Operation ähnelt der von Penfield: Der Chirurg bewegt sein Instrument behutsam durch das Gehirn, wird währenddessen vom Patienten auf dem Laufenden gehalten – »Jetzt sind sie in meinem Gemüsegarten, Doktor« – und wird, bei der bösartigen Erinnerung angekommen, den entsprechenden Zellkomplex vernichten. Bei Belcampo sind diese Operationen 1980 Routine, sie werden ambulant durchgeführt. Die meisten Menschen beginnen damit, ihr Gedächtnis so regelmäßig zu pflegen, wie sie es mit ihrem Gebiss tun. Man will ungern vom Chirurgen getadelt werden:»Sie haben hier eine sehr unschöne Erinnerung, die wird ihre Krankenversicherung aber nicht übernehmen.«

Doch es gibt in *De achtbaan* auch einige beunruhigende Entwicklungen: Die Indikationen für die Operation werden immer umfänglicher. Zu Beginn bleibt der Eingriff auf Menschen beschränkt, die ihren schrecklichen Erinnerungen zu erliegen drohen. Nach und nach lassen sich auch gesunde Menschen operieren, um die Erinnerung an ein nicht bestandenes Examen oder einen verlorenen Wettkampf loszuwerden. Zu allem Überfluss wird die Möglichkeit des Eingriffs auch von der Unterwelt entdeckt; die Verbrecher lassen sich ihre Erinnerungen an einen Mord oder einen Einbruch entfernen, damit sie sich nicht mehr selbst verraten können. Bei ihrer Verhaftung »wussten sie von nichts mehr und auch vor Gericht, wenn es so weit kam, waren sie vollkommen ahnungslos«. Zeugen müssen nicht mehr beseitigt werden, ein schneller Eingriff bei einem bestochenen Chirurgen reicht aus. Auch Diktaturen machen sich die Technik kurzerhand zu eigen: In Massenoperationen werden unpassende Erinnerungskomplexe einfach weggeschnitten.

Im Jahr 2000 ist es dann zum ersten Mal gelungen, Hirngewebe außerhalb des menschlichen Körpers am Leben zu halten, und es beginnt eine neue Phase in der Verwaltung von Erinnerungen. Zellkomplexe mit Erinnerungen werden nicht mehr vernichtet, sondern entfernt und aufbewahrt. In Laboratorien findet man Gefäße mit Aufschriften wie »Ratte in der Wiege WB 12 J. ♀, Algebra PB 17 J. ♂« und eine Analystin kann gebeten werden, dem Professor doch bitte mal dieses »Eisenbahnunglück« vorbeizubringen. Der nächste

Schritt liegt auf der Hand: Erinnerungen können nicht nur aufbewahrt werden, sie überleben sogar eine Transplantation. 2050 gibt es einen schwungvollen Handel mit schönen Erinnerungen. Sie werden an der Börse gehandelt: Manchmal sind Jugenderinnerungen ziemlich schwach notiert, aber wenn darin Berühmtheiten eine Rolle spielen, ziehen die Kurse wieder an.

Belcampo stellt dann eine Familie in das Zentrum seines Romans: Ein Mann, fünfunddreißig, Schriftsteller, glücklich verheiratet, zwei Kinder, will seinen großen Roman fertigstellen und braucht Geld. Seine Frau und er beschließen, ihre Erinnerungen zu verkaufen. Die Frau besteht darauf, dass bei der Operation auch unangenehme Erinnerungen entfernt werden, selbst wenn sie unverkäuflich seien; sie wolle nicht mit Erinnerungen an eine Ehe leben müssen, in der nur gestritten wurde. Die Erinnerungen an alles, was mit den Kindern zu tun hat, sollten jedoch verschont werden; um sie sollte der Chirurg fein säuberlich herumschneiden. Aber sonst ist alles im Angebot: wie sie einander bei einer Auktion kennengelernt haben; wie sich ihre Blicke in dem Louis-Seize-Spiegel gekreuzt haben, der hochgehalten wurde; die besonderen Orte, an denen sie sich geliebt haben; die Geburt der Kinder. Kurz bevor sie im Krankenhaus gleichzeitig an der Reihe sind, fleht die Frau ihren Mann an, doch ein kleines Stück von der Erinnerung an sie zu behalten. Er weigert sich: »Sei stark, lieber nicht.« Als sie durch die OP-Tür gehen, fragt die Frau in aller Naivität, ob sie nachher aufeinander warten würden. Das

Erstaunen auf seinem Gesicht lässt sie erahnen, dass dies keinen Sinn hat – sie werden einander nicht erkennen. Nach dem Eingriff betritt der Mann als Erster das Haus der Familie. Die Kinder sind entzückt, dass der Vater wieder da ist. Kurz darauf klingelt eine Frau. Er stellt sich vor: Kees de Jong, Vater dieser Kinder. Sie stellt sich vor: Mies Brouwer, Mutter dieser Kinder. An diesem Abend feiern sie ihre Bekanntschaft mit einer Flasche Vieille Cure. Am nächsten Morgen bringt ihnen der Postbote einen Scheck über fünfzehntausend Gulden.

De achtbaan wurde 1991 erneut herausgegeben, in blaues Leinen gebunden und mit einem Lesebändchen versehen, dieses Mal als Werbegeschenk des Unternehmens ICI-Pharma. 1965 hatte dieser niederländische Pharmakonzern das äußerst gewinnträchtige Mittel Inderal auf den Markt gebracht. Es wurde gegen hohen Blutdruck und Migräne verschrieben. Inderal ist ein Betablocker, es unterdrückt die Reaktionen des autonomen Nervensystems auf Spannungen. Der Wirkstoff ist Propranolol. Das Mittel wurde schon bald auch als »off-label« benutzt, bei Leiden, für die es in erster Linie nicht gedacht war, wie Lampenfieber, Sprechangst, zitternde Hände oder Prüfungsangst. Als Arzt für Studenten in Groningen wird Belcampo die nötigen Inderalpillchen aus dem Musterschrank in seinem Sprechzimmer oft an seine Patienten verteilt haben. Vor etwa fünfzehn Jahren entdeckte man, dass Propranolol unter spezifischen Umständen Erinnerungen dämpfen kann. Es scheint nun, als wäre auf pharmakologischem

Weg eine Vergessenstechnik in Entwicklung, mit medizinischen, ethischen und persönlichen Konsequenzen, die Belcampos futuristischen Spekulationen sehr nahekommen.

Narben

Traumatische Erfahrungen widerfahren einem, man sucht sie nicht auf, man war zur falschen Zeit am falschen Ort. Die medizinische Fachzeitschrift *Lancet* schätzt, dass etwa ein Viertel aller Menschen irgendwann in ihrem Leben mit einem traumatischen Ereignis in Berührung kommen.[6] Bei Soldaten, Polizisten, Sanitätspersonal, Feuerwehrleuten und anderen, die manchmal beruflich an Orten sein müssen, die keiner freiwillig aufsucht, liegt dieser Prozentsatz erheblich höher. Manche traumatischen Erfahrungen werden von großen Gruppen geteilt, wie bei Erdbeben oder Tsunamis, andere sind persönlich, wie bei einem Brand, einem schlimmen Unfall, bei Misshandlung oder Vergewaltigung. Ihnen allen ist gemein, dass sie sich mit Gewalt ins Gedächtnis einprägen; sie kerben, mit den Worten von William James, »eine Narbe ins Gehirngewebe«. In den ersten Tagen oder Wochen scheint es, als würde alles zu dieser Narbe führen. Sie weicht keinen Augenblick aus den Gedanken. An das traumatische Erlebnis zurückzudenken ruft auch die ersten physischen Reaktionen wieder wach: das Herzrasen, den Schweiß, das Zittern. Es ist, als könnte sich die Erinnerung einfach nicht von den Reaktionen auf das ursprüngliche Ereignis lösen. Bei den meisten Menschen wird sich die körperliche Resonanz allmählich abschwächen und schließlich verschwinden. Es bleibt eine Erinnerung an einen schrecklichen Augenblick, aber genau dazu ist es durch die mittlerweile verstrichene Zeit geworden, eine *Erinnerung*, kein erneutes Erleben. Diese Menschen können ihr Leben weiterführen.

Ungefähr bei jedem Siebten geschieht das nicht. Es scheint, als sei das Leben der Betroffenen im Moment des Traumas angehalten worden. Die Erinnerung verliert nichts von ihrer Schärfe. Auch Monate später verhält sich der Körper noch so, als müsse er auf eine Gefahr reagieren: erhöhter Herzschlag, übertriebene Schreckreaktionen, Händezittern, übermäßiges Schwitzen. Das traumatische Ereignis wiederholt sich in Flashbacks, taucht in wiederkehrenden Albträumen auf. Der Schlaf ist ernstlich in Mitleidenschaft gezogen, tagsüber ist die Konzentration gestört. Der Patient – denn das ist er mittlerweile – wird den Ort oder die Umstände, unter denen ihm das traumatische Ereignis widerfahren ist, ängstlich meiden, alles, was ihn daran erinnert, ruft heftige körperliche Reaktionen hervor. Diese Anzeichen wurden 1980 im psychiatrischen Handbuch *DSM III* als Symptome einer posttraumatischen Stressstörung ausgewiesen. Der Leidensdruck, wie Psychiater ihn nennen, ist hoch und äußert sich in gesteigerten Prozentzahlen bei Arbeitsunfähigkeit, Alkoholismus und Scheidung. Antidepressiva oder Beruhigungsmittel zeigen wenig oder keine Wirkung. Eine posttraumatische Stressstörung kann ein Leben aus der Bahn werfen, manchmal vorübergehend, aber manchmal auch bleibend, denn auch die Selbstmordrate ist in dieser Gruppe erhöht. Eine posttraumatische Stressstörung geht selten von allein vorbei.

Eine oft genutzte Technik zur Behandlung posttraumatischer Stressstörungen ist das »Eye Movement Desensitisation and Reprocessing« (EMDR), 1989 von der kalifornischen Psychotherapeutin Francine Shapiro eingeführt.[7] Bei der Behandlung versucht der Patient, sich die Erinnerung an das traumatische Ereignis möglichst lebendig vorzustellen, während sein Blick dem sich hin- und herbewegenden Finger des Therapeuten folgt. Manche Therapeuten ersetzen die Augenbewegungen durch Klicks, abwechselnd rechts und links in einem Kopfhörer, oder durch leichte Klapse auf die Hand. Diese zunächst etwas wunderlich wirkende Behandlung soll nicht die Erinnerung selbst schwinden lassen, sondern ihre emotionale Belastung reduzieren.

Wer sich in die Geschichte der Erklärungen für die Wirksamkeit von EMDR vertieft, wird durch die gesamte Hirnschale gescheucht.[8] EMDR soll »dysfunktionale Netzwerke« aus dem Gehirn entfernen (Shapiro selbst), die rechte Hirnhälfte stimulieren, die dominante linke Gehirnhälfte zum Schweigen bringen, die Kommunikation zwischen links (»Verstand«) und rechts (»Gefühl«) verbessern oder sogar die Verarbeitungsgeschwindigkeit des Gehirns als Ganzem steigern. EMDR war von Anfang an eine Therapie auf der Suche nach einer Theorie. Seit einigen Jahren versammelt sich die Gemeinschaft der EMDR-Forscher allmählich um eine Erklärung, die nicht aus der Neurologie, sondern aus der Gedächtnispsychologie stammt. Im Arbeitsgedächtnis wird Material festgehalten, das zu diesem Zeitpunkt zum Denken, Sprechen oder Handeln gebraucht wird. Die Speicherung erfolgt nur kurz. Um nicht aus dem Arbeitsgedächtnis zu verschwinden, muss das Material ständig Beachtung finden. Das Arbeitsgedächtnis hat eine begrenzte Kapazität für etwa sieben Elemente. Beide Einschränkungen zusammen führen zur Konkurrenz um die Beachtung. Was einige Sekunden keine Aufmerksamkeit erfährt, verblasst und verschwindet. Ironischerweise scheint gerade diese Schwäche entscheidend für die Wirksamkeit von EMDR. Der Patient soll die traumatische Erinnerung möglichst lebendig im Arbeitsgedächtnis behalten, wird aber gleichzeitig von dem Auftrag abgelenkt, dem pendelnden Finger zu folgen oder auf Klicks zu hören. Dadurch muss er seine Aufmerksamkeit teilen. In der Folge verliert die Erinnerung an Schärfe und Lebendigkeit und wird in einer mehr oder weniger verblassten Form im Langzeitgedächtnis neu gespeichert. Werden Erinnerungen mehrfach dieser erodierenden Bearbeitung unterzogen, sollen sie schlussendlich ihren traumatischen Charakter verlieren.[9] Die Forschergruppe um den Utrechter klinischen Psychologen Van den Hout hat die Arbeitsgedächtnistheorie in einer Reihe von Experimenten überprüft.[10] Sie stellten fest, dass die Effektivität von EMDR bei zu wenig, aber auch bei zu viel Ablenkung sinkt und Augenbewegungen deswegen besser wirken, als den passiven Klicks zuzuhören. Sie testeten – und bestätigten – auch die Vermutung, EMDR zeige weniger gute Ergebnisse bei Menschen, die ihre Aufmerksamkeit besser über zwei Dinge verteilen können.

Den unterschiedlichen Interventionstechniken nach einem traumatischen Ereignis wurden mittlerweile unzählige Wirkungsstudien gewidmet, die zeigen, dass Psychotherapie besser wirkt als Medikamente und dass EMDR und Verhaltenstherapie unter den verschiedenen Arten der Psychotherapie am effektivsten sind.[11] EMDR hat von diesen beiden den Vorteil einer relativ kurzen Behandlung, eines *quick fix*. Schon nach wenigen Sitzungen hat die Erinnerung ihre lähmende Wirkung verloren. Aber EMDR hat, genau wie Verhaltenstherapie, auch einen Nachteil: Die Behandlung beginnt meist erst, nachdem sich die posttraumatische Stressstörung entwickelt hat und der damit verbundene Schaden bereits angerichtet ist. Eine andere Interventionstechnik, das »Debriefing«, wurde entwickelt, um wenige Tage nach dem traumatischen Vorfall eingesetzt zu werden, in der Hoffnung, damit einer posttraumatischen Stressstörung vorzubeugen.

Diese Technik hat ihren Ursprung in einem tödlichen Unfall in einem Außenbezirk von Baltimore. Eine junge Frau kam von ihrer Hochzeit zurück und fuhr mit Höchstgeschwindigkeit auf einen Lastwagen, der Metallrohre geladen hatte. Eines dieser Rohre durchbohrte ihren Brustkorb. Jeffrey Mitchell, Lehrer und Mitglied der freiwilligen Feuerwehr, war als Erster vor Ort, sah aber, dass er nichts mehr tun konnte. In den Wochen nach dem Unfall wich das Bild der toten Frau in ihrem vollgebluteten Brautkleid nicht mehr von seiner Netzhaut. Nach einigen Monaten beschloss er, seine Erinnerungen mit seinem Bruder zu teilen, ebenfalls Mitglied der Feuerwehr. Er merkte, dass es ihm guttat: Die Erinnerungen schienen endlich etwas von ihrem Schrecken zu verlieren. In den Jahren danach entwickelte er in Gesprächen mit Feuerwehrkollegen und Polizisten ein Protokoll, das verhindern sollte, dass schreckliche Erinnerungen auch Monate später noch in Form von Wiedererleben und Albträumen herumspukten. Es erhielt den Namen »Critical Incident Stress Debriefing« (CISD), meist kurz als Debriefing bezeichnet.[12]

In seiner ursprünglichen Form war Debriefing für kleine Gruppen gedacht, bis zu sechs oder sieben Personen, die ein traumatisches Erlebnis teilen: eine Schießerei, einen gewalttätigen Überfall, einen Bombenanschlag, eine Geiselnahme. Debriefing eignet sich nicht für einen Einsatz unmittelbar nach dem Vorfall. Meist wartet man ein paar Tage damit. Die Begleiter bitten in einer ersten Runde jeden Einzelnen, möglichst sachlich zu erzählen, was geschehen ist. Danach folgt eine Überleitung zu ihren persönlichen Reaktionen auf das Ereignis, beispielsweise, indem sie gefragt werden, was sie als Erstes dachten, nachdem ihnen klar wurde, was da passierte. Die nächsten Runden sind Gruppengespräche. Die Frage »Was war für Sie das Schlimmste an dem, was geschehen ist?« setzt innerhalb der Gruppe in der Regel viele Emotionen frei: Wut, Frustration, Kummer, Ohnmacht. Die Begleiter fragen auch nach den Konsequenzen des Vorfalls für das persönliche Leben. Das Treffen dauert zwei bis drei Stunden und wird mit einer Aufklärung über Stressreaktionen, Traumaverarbeitung und Hinweisen zu Therapie, Opferhilfe und anderen Formen der Betreuung abgeschlossen.

Debriefing entwickelte sich in den Achtzigerjahren blitzschnell zur Standardintervention nach Katastrophen. Das amerikanische Verteidigungsministerium, die israelische Armee, die Vereinten Nationen und das amerikanische Rote Kreuz haben das Protokoll übernommen. Einer Schätzung von Jonah Lehrer zufolge ließen sich nach 9/11 etwa zweitausend CISD-geschulte Experten in New York nieder.[13] Debriefing, in allerlei Ausprägungen, wurde eingesetzt, um Katastrophenhelfer vor Spätfolgen ihrer schockierenden Erfahrungen zu behüten. Fast jede etwas bekanntere Katastrophe – der Flugzeugabsturz über dem Amsterdamer Stadtteil Bijlmermeer, Hurricane Katrina, der Bombenanschlag in Oklahoma, das Erdbeben in Los Angeles – findet sich in Veröffentlichungen über die Wirkung von Debriefing. Das Protokoll oder Teile davon wurden in die meisten Arbeitspläne für Krisenbetreuung aufgenommen, die Gemeinden, Unternehmen, Schulen, Eisenbahnen und Luftfahrtorganisationen erstellt haben.

Fest steht, dass fast alle Opfer traumatisierender Ereignisse die eine oder andere Form von Debriefing schätzen. Sie können die angestauten Spannungen in einem Kreis von Menschen äußern, die ihre Erfahrung teilen und mit ihnen fühlen können. Debriefing kommt dem Erzähldrang entgegen, den Menschen nach schockierenden Ereignissen häufig haben. Es passt sich dem Gedanken an, man sei auch wirklich los, was man bei einem anderen loswerden kann, es sei heraus, was man äußern kann, Teilen führe zu Verminderung. Diese Erklärungen deuten auf etwas hin, das man etwas abgedroschen die Ventilfunktion von Debriefing nennen könnte und etwas vornehmer Katharsis. Aber ob Debriefing tatsächlich die Wahrscheinlichkeit einer posttraumatischen Stressstörung verringert, ist fraglich. In den ersten Jahren nach der Einführung von Debriefing wurden zahllose Studien publiziert, die dies zu bestätigen schienen. Bei dem Schiffsunglück der Fähre Estonia (1994, 900 Tote) waren Polizisten, Feuerwehrleute und Katastrophenhelfer aktiv. Den ersten beiden Gruppen bot man Debriefing an, den Helfern, die im Dienst eines anderen Arbeitgebers standen, nicht. In der letzten Gruppe traten posttraumatische Stressstörungen häufiger auf.[14] In einer ordnungsgemäßen Studie würde man lieber die Hälfte aller drei Gruppen einem Debriefing unterziehen und die andere Hälfte nicht, aber diese methodische Herangehensweise ist gerade auf diesem Feld oft schwer möglich. Die Verwirrung wird jedoch durch zahllose Studien erhöht, die *keinen* Effekt erkennen. Von den Polizisten, die nach dem Absturz der El-Al-Maschine über Bijlmermeer (1992) Dienst am Katastrophenort verrichteten, hatten sich 45 Prozent einem Debriefing unterzogen und 55 Prozent nicht. In einer Folgestudie nach acht und nach achtzehn Monaten wurden keine Unterschiede bezüglich posttraumatischer Konsequenzen gefunden.[15] Und schließlich gibt es auch noch Studien, die auf einen genau entgegengesetzten Effekt von Debriefing verweisen. 1992 wurden 952 amerikanische Soldaten bei einer Friedensmission im Kosovo eingesetzt. Nach ihrer Rückkehr erhielt eine Gruppe Unterricht in Stressmanagement und eine andere unterzog sich einem Debriefing. In der letzten Gruppe waren etwas mehr Symptome von posttraumatischem Stress zu verzeichnen und es gab auch häufiger Alkoholprobleme.[16] Eine Studie unter Opfern eines Brandes fand bei Menschen, die an einem Debriefing teilgenommen hatten, dreimal häufiger eine posttraumatische Stressstörung.[17] In diesem ganzen Durcheinander lassen sich jedoch zwei Linien erkennen. Die erste zeigt, dass die Ergebnisse in den Achtziger- und Neunzigerjahren in Bezug auf den schützenden Effekt von Debriefing überwiegend positiv waren. Um den Jahrtausendwechsel ist dieses Bild gekippt und man hat häufiger keinen oder einen gegenteiligen Effekt gefunden. Die zweite Linie bezeugt, dass strengere methodologische Bedingungen die Zahl der positiven Ergebnisse verringern.[18]

Wir rekapitulieren. EMDR hilft in vielen Fällen, die Symptome einer posttraumatischen Belastungsstörung zu vermindern oder ganz zu beseitigen, tut dies jedoch zu einem Zeitpunkt, in dem die Folgen der Störung – in schweren Fällen: Entlassung, Beziehungsprobleme, Sucht – das Leben des Patienten bereits ernsthaft aus dem Gleichgewicht gebracht haben. Debriefing zielt darauf ab, einer posttraumatischen Stressstörung vorzubeugen, aber in immer mehr Studien sieht es so aus, als gelinge dies nicht. In Veröffentlichungen über die ersten Experimente mit Propranolol schien sich ein Mittel abzuzeichnen, das tatsächlich diese Präventivwirkung zeigte und mit EMDR den Charakter eines *quick fix* gemein hatte.

Propranolol

Angenommen, Sie erhalten einen Anruf von jemandem, der sich als Ermittler vorstellt. Er ist Teil eines *Cold-Case*-Teams und arbeitet an einem Fall, der sich vor vierzehn Jahren ereignete. Er nimmt Kontakt mit Ihnen auf, weil Ihr Name in der Angelegenheit aufgetaucht ist. Er möchte gern wissen, wo Sie am Abend des Verbrechens waren. Es handelt sich um den 6. Mai 2002. Haben Sie ein Alibi? Die Wahrscheinlichkeit, dass Sie sich daran erinnern können, wo Sie damals waren oder was Sie taten, ist gering: Es ist lange her und Erinnerungen sind nicht nach Datum sortiert. Aber der Fall läge anders, wenn der Ermittler Sie fragen würde, was Sie am 11. September 2011 gemacht haben, der Tag, an dem Selbstmordattentäter Flugzeuge direkt ins World Trade Center sowie ins Pentagon lenkten. Die meisten wissen noch ganz genau, wo sie waren, als sie diese Nachricht hörten. Auch Jahre später glauben sie, sich diesen Moment fast filmisch vor Augen führen zu können, mit allerlei Details, die sie sonst längst vergessen hätten. Es ist, als führte der Schock über eine Nachricht zu einem absoluten Gedächtnis. Man registriert nicht nur die Nachricht, sondern auch die Umgebung, die Menschen, die bei einem sind, die eigene Reaktion und die der anderen. Diese wundersame Erweiterung der Registrierfähigkeit ist ein flüchtiger Besitz, man zählt ihn eher in Sekunden als Minuten. Es scheint, als hätte das Gedächtnis beschlossen, aus der Filmrolle dieses Abends eine einzige kurze Szene zu schneiden, sie sorgfältig zu fixieren und anschließend den Rest einfach zu entsorgen. Wer erinnert sich schon daran, wo er eine Stunde vor der Nachricht über den Mord an Fortuyn war und was er da tat?

1977 veröffentlichten die Harvardpsychologen Brown und Kulik einen Artikel über Erinnerungen dieses Typs.[19] Sie gaben ihnen einen Namen, der sofort Anklang fand: *flashbulb memories*, Blitzlichterinnerungen. Damit wollten sie vor allem auf das fehlende Differenzierungsvermögen hinweisen, das unser Gehirn dann zu haben scheint: Alles kommt auf das Foto, auch Details, die überhaupt nichts mit der Nachricht zu tun haben. In einer Blitzlichterinnerung kann gespeichert sein, wer einem die schockierende Nachricht erzählte, aber auch, dass der linke Bügel seiner Brille von Klebeband zusammengehalten wurde. Bei manchen Ereignissen – die Ermordung von Präsident Kennedy, Prinzessin Dianas

Unfall, der 13. November 2013 – flackern weltweit Blitz-
lichter auf. Es gibt auch rein persönliche Blitzlichterinnerungen, wie bei der Nachricht über den Tod eines Angehörigen oder – auch das wurde untersucht – bei der
ersten Menstruation.

In den Siebzigerjahren wurde der Blitz bei normalen Fotoapparaten noch von einem Plastikwürfel produziert, den man auf die Oberseite der Kamera steckte.
Nach Gebrauch landete er versengt im Mülleimer. Aber
die Metapher, die man diesem empfindlichen Zubehör
entlieh, weist nun schon seit fast vierzig Jahren der The-
oriebildung über Erinnerungen wie die an 9/11 recht
zwingend die Richtung. Es ist eine im wahrsten Sinne
des Wortes erhellende Metapher. Die kurze Dauer, der
visuelle Charakter, aber auch die mangelnde Differen-
zierung und die Hartnäckigkeit der Erinnerung sind
Eigenschaften, die passend durch die Assoziationen
zu einem Blitzlicht eingefangen werden. Die Metapher
lässt vermuten, dass die Erinnerung im Laufe der Zeit
vielleicht an Schärfe verliert, aber von Verzeichnung
verschont bleibt, so wie ein Foto zwar verblassen kann,
aber nicht plötzlich etwas anderes darauf zu sehen ist.
Letzteres ist nach zahllosen Studien jedoch widerlegt:
Zwischen Berichten unmittelbar nach dem Ereignis
und denen ein oder zwei Jahre später herrschen oft ge-
waltige Diskrepanzen.

Brown und Kulik glaubten, der blitzlichtartige Charakter sei vielleicht ein alter evolutionärer Rest: Situationen mit schockierenden Folgen muss man möglichst
detailliert behalten, damit man sie beim nächsten Mal

schneller erkennt. *Was* da genau im Gehirn aktiviert wurde – oder wo –, musste dahingestellt bleiben. Aber biologisch orientierte Psychologen sahen Übereinstimmungen mit der *Fight-or-flight*-Reaktion bei akuter Gefahr und vermuteten, dass der schnelle Adrenalinstoß, der eine solche Reaktion ermöglichen soll, auch für die vorübergehend schärfere Registrierung und Speicherung dieser Umstände verantwortlich sein könnte. Der heftige Schreck aktiviert die Amygdala (gemeinhin »das Angstzentrum«) und diese beginnt mit der Ausscheidung von Stresshormonen, unter anderem von Adrenalin. In Laborexperimenten stellte sich heraus, dass Versuchspersonen, die einer schockierenden Geschichte zuhörten und gleichzeitig einen Stoff verabreicht bekamen, der die Wirkung von Adrenalin nachahmt, tatsächlich mehr Details behielten als eine Kontrollgruppe, die derselben Geschichte unter Einfluss eines Placebos zuhörte.[20] Die gedächtnisverstärkende Wirkung galt sowohl für emotionale als auch für neutrale Fakten. Eine dritte Gruppe, die der Geschichte unter Einfluss eines Propranolol verwandten Betablockers zuhörte, hatte noch weniger behalten als die Placebogruppe.

In Versuchen mit Ratten stellte sich heraus, dass diese, wenn man ihnen kurz nach dem Schock ein Gegenmittel zu Adrenalin in die Amygdala und den Hippocampus injizierte, keine Angstreaktion zeigten – ganz als wäre die Erfahrung, die den Schock ausgelöst hatte, nicht gespeichert worden.

Leider kann die gedächtnisverstärkende Wirkung

von Stresshormonen nachteilige Konsequenzen für die Verarbeitung einer traumatischen Erfahrung haben. Auch lange nach der Erfahrung und mit dem Wissen, dass alle Gefahr gewichen ist, kann die Schärfe der Erinnerung das Opfer permanent im Alarmzustand halten. Der Körper verhält sich weiterhin so, als müsse er auf eine akute Krise reagieren: angespannt, schreckhaft, ängstlich. Diese Angst lässt sich nicht dämpfen, indem man die Gefahrenquelle entfernt; Menschen mit einer posttraumatischen Stressstörung vermeiden alles, was sie an das schockierende Ereignis denken lässt, und können dennoch nicht spüren, dass die Gefahr gewichen ist.

So kamen mehrere Forscher auf den Gedanken, in Situationen, die mit Angst und Schrecken einhergehen, einen Stoff zu verabreichen, der wie ein Gegenmittel zu Adrenalin wirkt – Propranolol. Dieser Stoff kann die Blut-Hirn-Schranke passieren, und auch seine jahrelange Einnahme als Betablocker hat keine schädlichen Nebenwirkungen. Roger Pitman, Psychiater an der Universität Harvard, führte 2002 eine Erkundungsstudie in der Notfallambulanz des Massachusetts General Hospital durch.[21] Patienten, überwiegend Verkehrsopfer, erhielten innerhalb von sechs Stunden und anschließend zehn Tage lang entweder Propranolol oder ein Placebo. Einen Monat später hörten alle Teilnehmer auf Band ihrer eigenen Beschreibung des Geschehenen zu. Die Gruppe, die Propranolol geschluckt hatte, zeigte weniger Stresssymptome – erhöhter Herzschlag, Transpiration – als die Gruppe mit dem Placebo.

In einer vergleichbaren Studie ein Jahr später, dieses Mal in der Notfallambulanz eines Krankenhauses in Lille mit Opfern von Misshandlung oder Verkehrsunfällen, hatte Propranolol denselben dämpfenden Effekt.[22] Bei den Menschen, die Propranolol bekommen hatten, schien das Ereignis weniger emotional belastend abgespeichert worden zu sein.

Eine zweite Entwicklung brachte die Idee einer »Vergessenspille« auf den Weg. Bereits im Jahr 1900 stellten zwei Forscher aus Göttingen, Müller und Pilzecker, fest, dass Gedächtnisspuren kurz nach dem Stimulus noch eine Weile fragil sind.[23] Sie reagieren in den ersten Minuten empfindlich auf alle möglichen Einflüsse; erst nach etwa zehn Minuten scheint sich die Spur zu verfestigen. Diese vorübergehende Fragilität ist die Ursache des Gedächtnisverlusts, der zum Beispiel nach einem heftigen Schlag gegen den Kopf auftreten kann. Nach einem schweren Unfall kommen Erinnerungen an Ereignisse, die an diesem Tag vor dem Unfall geschehen sind, meist wieder, nur die letzte Viertelstunde liegt im Dunkeln. Systematische Versuche mit Elektroschocks bei Ratten zeigten, dass es tatsächlich ein Zeitfenster gibt, innerhalb dessen die Spur noch gelöscht werden kann.

Warum dies so ist, wurde später herausgefunden.

Erfahrung wird erst im Kurzzeitgedächtnis festgehalten. Von dort werden Erinnerungen vom Hippocampus, wie es im Computerjargon heißt, ins Langzeitgedächtnis »weggeschrieben«, dessen Substrat über andere Gebiete im Gehirn verteilt ist. Bei einer Schädigung des Hippocampus können Erinnerungen das Langzeitgedächtnis nicht mehr erreichen. Die Folge ist eine spezifische Form von Gedächtnisverlust, die anterograde Amnesie: Der Patient kann ab dem Moment der Schädigung nichts von dem mehr speichern, was er gerade erlebt. Er lebt in einer Vergangenheit, in der nichts mehr hinzukommt.

Das Wegschreiben von Erinnerungen ins Langzeitgedächtnis ist ein biochemischer Prozess. Gedächtnisspuren werden durch die Veränderung der Verbindungen zwischen den einzelnen Gehirnzellen konsolidiert und dieser Prozess erfordert die Produktion von Proteinen. Wird dieser Prozess unterbrochen – durch einen Schlag oder Elektroschock –, wird nichts gespeichert. In einer normalen Lebenssituation wird niemand Interesse an einer solchen Unterbrechung haben und sie auch nicht absichtlich zuwege bringen. Aber wenn jemand etwas Furchtbares erlebt hat, etwas, was er lieber nicht gesehen, gehört, durchgemacht hätte, etwas, das sein Leben noch lange vergiften wird – ist es dann nicht verführerisch, ihm zu helfen, indem man die Speicherung der Erinnerung an dieses Ereignis frühzeitig abbricht? Nicht durch einen Schlag auf den Kopf, sondern durch eine kleine Pille oder eine Injektion mit einem Stoff, der die Eiweißsynthese blockiert?

Die Forschung zur Entwicklung dieser Art pharmazeutischer Interventionen kennt deprimierende Szenen.

Eine Ratte tippelt arglos auf einer Drehscheibe, die

langsam in einem Käfig rotiert. Als sich die Ratte gegenüber einer speziellen Stelle im Käfig befindet, bekommt sie einen elektrischen Schock. Sie rennt weg, entgegen der Drehscheibenrichtung, und das wird sie so lange machen, bis sie erschöpft ist. Diese Angstreaktion ist der Ratte nicht mehr auszutreiben. Das Ausschalten des Stroms hilft nicht: Die Ratte meidet die gefährliche Stelle und wird nie entdecken, dass dieser Ort nicht länger gefährlich ist. Wie kann die Ratte doch noch von ihrer Angst befreit werden? Der amerikanische Neurowissenschaftler Sacktor injizierte 2006 einen biochemischen Stoff – abgekürzt zu ZIP – in den Hippocampus von Ratten, die einen Tag zuvor durch einen elektrischen Schock konditioniert worden waren, und stellte ein paar Stunden später fest, dass die Angstreaktion verschwunden war.[24] Es schien, als wäre die Erinnerung an die schmerzhafte Erfahrung gelöscht. Sie ließen sich wieder sorglos durch ihren Käfig kreiseln. Diese Injektion war von der Hypothese ausgegangen, dass ein spezifisches Enzym nicht nur dafür zuständig ist, Erinnerungen festzuhalten und zu konsolidieren, sondern auch dafür, diese Erinnerungen nach der ersten Konsolidierungsphase »instand zu halten«. Der injizierte Stoff war ein Antagonist dieses Enzyms und blockierte so die Möglichkeit des Beibehaltens der angelernten Angstreaktion.

Einige Jahre zuvor hatte der Neurowissenschaftler Karim Nader über ein möglicherweise noch kurioseres Ergebnis berichtet.[25] Auch er arbeitete mit Ratten, die auf Angst konditioniert wurden. Bei seinem Versuch in-

jizierte er einen Stoff in die Amygdala, der die Eiweißsynthese bei einer erneuten Aktivierung der Angstreaktion sofort blockierte. Diese Aktivierung konnte also
nicht gespeichert werden. Das Ergebnis übertraf jegli-
che Erwartungen: Die Angstreaktion war vollkommen
verschwunden. Angesichts des damaligen Wissens über
die Konsolidierung von Erinnerungen war dies ein unerwartetes Ergebnis. Die ursprüngliche Angstreaktion
war schon lange Zeit als solide Spur im Gedächtnis gespeichert, wie konnte durch den Abbruch der Konsolidierung der Erinnerung bei der letzten Aktivierung
der Angstreaktion die ganze Spur verschwinden? Zur
Illustration der Ungereimtheit: Das ist, als würde jemand eine Datei von der Festplatte aufrufen, damit arbeiten, die neue Version aus welchen Gründen auch
immer nicht speichern, also bei der Warnung »Wollen
Sie die Änderungen in diesem Dokument speichern?«
die Option »Nicht speichern« wählen, und danach
merken, dass nicht nur die überarbeitete Datei weg ist,
sondern auch die alte, sie wäre von der Festplatte verschwunden. Im Jahr 2000, exakt hundert Jahre nachdem Müller und Pilzecker nachgewiesen hatten, dass
sich Gedächtnisspuren erst nach etwa zehn Minuten
verfestigen, schrieb Nader in *Nature,* man könne »alte«
Spuren manipulieren, indem man sie erneut aktiviere
und danach verhindere, dass sie wieder gespeichert
werden. Für Ärzte, Psychiater und Psychologen, die versuchen, traumatisierten Menschen zu helfen, eine sen-
sationelle Erkenntnis, in diesem Fall nämlich würde
eine pharmakologische Intervention nicht mehr an das

schmale Fenster der Konsolidierung der Erinnerung gebunden sein, sondern auch Monate oder sogar Jahre später noch Wirkung zeigen.

Beide Forschungslinien – das Propranolol von Pitman und die Reaktivierung von Nader – überschnitten sich in einem von ihnen gemeinsam entwickelten Experiment, das zeigen sollte, ob noch lange nach dem traumatisierenden Ereignis ein solches Fenster für die Intervention zu schaffen ist. Neunzehn Menschen, die infolge eines Ereignisses, das im Durchschnitt zehn Jahre zurücklag, eine posttraumatische Stressstörung erlitten hatten – es ging dabei um Verkehrsunfälle, sexuellen Missbrauch, Geiselnahmen und Brand –, wurden gebeten, dieses Ereignis zu beschreiben. Die Geschichte wurde von den Versuchsleitern zu einem Skript von etwa einer halben Minute gekürzt und auf Band aufgenommen. Nachdem sie sich die Aufnahme angehört hatten, bekamen neun Probanden Propranolol und zehn ein Placebo. Eine Woche später wurden beide Gruppen erneut eingeladen. Sie hörten ihrer Aufnahme zu, während Herzschlag, Hautleitung und Muskeltonus gemessen wurden. Anschließend wurden sie gebeten, sich das traumatisierende Ereignis möglichst lebendig vorzustellen. Bei den Personen, die eine Woche zuvor Propranolol bekommen hatten, waren Herzschlag und Hautleitung unter das Niveau gesunken, das zu Menschen mit einer posttraumatischen Stressstörung passt. Bei der Placebogruppe lagen die Messwerte noch immer über diesem Niveau.[26] Der Muskeltonus war unverändert.

Das entspricht ungefähr dem heutigen Stand der Dinge. Alle Experimente mit einer »Vergessenspille«, egal, ob mit Ratten oder Menschen, sind Variationen einiger weniger neurophysiologischer Themen: der Wirkung von Stresshormonen entgegentreten, die Speicherung des Erlebnisses blockieren, schon Gespeichertes rückgängig machen oder erneute Speicherung von früher Festgehaltenem verhindern. Bei Experimenten mit Ratten sind die Ergebnisse leichter zu deuten als bei Menschen. Die Angstreaktion ist verschwunden, es muss etwas mit der Gedächtnisspur geschehen sein, das man »Vergessen« nennen könnte. Die Experimente mit Menschen ergeben ein uneinheitliches Bild. Das Maß für »Vergessen« ist hier um einiges diffuser: eine Verminderung der Wahrscheinlichkeit eines posttraumatischen Stresssyndroms, zum Beispiel die Abnahme von Stressreaktionen nach zwei Monaten, seltenere Albträume (beziehungsweise nochmaliges Durchleben) im Vergleich zu den Traumatisierten in der Kontrollgruppe. Der ersten Studie von Pitman aus dem Jahr 2002 folgte 2011 ein größer angelegtes Experiment, das die anfänglich positiven Ergebnisse nicht bestätigen konnte. Eins der Hauptprobleme liegt darin, dass der behandelnde Notarzt aufgrund einer neuen Gesetzgebung erst seine Zustimmung zur Verabreichung des Propranolols geben muss, und der hat in einer Notfallambulanz und vor allem in den ersten zehn Minuten meist andere Prioritäten. Laut Pitman kam er mit seinem Propranolol nicht schnell genug an die Patienten.[27] Für andere Forscher, die auf diesem Weg in das traumatisierte Gedächtnis eingreifen wollten, wurde zum Hindernis, dass allerorts Mitglieder medizinischer Ethikkommissionen nach den Publikationen über die Vergessenspille den Zeigefinger hoben. Das Gedächtnis ist der Kern menschlichen Handelns und Erlebens, das tragende Prinzip unserer Identität; kann man Neurophysiologen so einfach zugestehen, es pharmakologisch zu manipulieren?

Geistloses Glück

2001 richtete George W. Bush einen *President's Council on Bioethics* ein, der ihn bezüglich der ethischen Aspekte biotechnologischer Entwicklungen wie Stammzellenforschung, Euthanasie, künstliche Lebensverlängerung beraten sollte. Ein Jahr später erregten Pitmans Experimente die Aufmerksamkeit des Council und man beschloss, ein Gutachten über pharmakologische Stoffe zu erstellen, die eine verstärkende oder abschwächende Wirkung auf Hirnprozesse haben. Die Vergessenspille wurde bei den »brain enhancers« eingeteilt, auf den ersten Blick ein wenig befremdlich, aber der Überlegung folgend, das Mittel *verstärke* den natürlichen Vergessensprozess. Das Gutachten erschien 2003.[28] Der Ton war reserviert. Der Council fand die Verwendung von Propranolol zur Senkung des Risikos einer posttraumatischen Stressstörung aus etlichen Gründen »problematisch«.[29] Zunächst einmal sei das Zeitfenster, innerhalb dessen beschlossen werden muss, eine Vergessenspille einzunehmen, zu schmal, um beim aktuellen Wissensstand der Pharmakologie einschätzen zu können, ob das Erlebnis wirklich so schrecklich war, dass es zwangsläufig eine posttraumatische Stressstörung zur Folge haben wird. Dasselbe Problem gelte für die Frage, wer die Vergessenspille einnehmen soll und wer nicht. Die Anfälligkeit für die Entwicklung einer posttraumatischen Stressstörung unterscheidet sich von Person zu Person. Den meisten Menschen gelingt es, auch fürchterliche Ereignisse so zu verarbeiten, dass sie keinen bleibenden Schaden nehmen. Sie würden also überflüssigerweise eine Vergessenspille nehmen. Es stellt sich auch die Frage, wie umfänglich die Indikation sein soll. Nur unmittelbar Betroffene? Oder auch Zeugen, Nothilfepersonal, Polizisten? In all diesen Situationen droht Überbehandlung. Ein weiterer Vorbehalt des Council bestand darin, dass die Vergessenspille auch denjenigen zur Verfügung gestellt werden könnte, die sehr wohl unter den Konsequenzen ihres Handelns leiden sollten, beispielsweise, weil sie anderen schweres Leid zugefügt haben.

Skrupel verursachten zudem unbeabsichtigte Folgen pharmakologischer Eingriffe auf den Gedächtnisprozess. Das heutige Verhältnis zwischen Erinnern und Vergessen ist das Ergebnis von Millionen Jahren Evolution: Wie groß ist die Wahrscheinlichkeit, dass menschliches Eingreifen hieran etwas »verbessern« kann? Dass wir das eine vergessen und das andere nicht oder uns an das eine viel besser erinnern als an das andere – sichert das nicht gerade unser Überleben? Ist das nicht der Grund, weshalb schockierende Ereignisse unauslöschlich festgehalten werden?

Andere Bedenken richteten sich auf das Verhältnis zwischen Gedächtnis und Identität. Auch Erinnerungen, die sich im Laufe eines Menschenlebens verändern, werden noch immer als *eigene* Erinnerungen erfahren, sie gehören zu dem, der man geworden ist. Durch eine manipulierte Erinnerung würde man sich selbst entfremdet, so die Befürchtung. Durch die Trennung zwischen dem, was man erlebt hat, und der Art und Weise, wie man sich daran erinnert, würde das Gedächtnis an Authentizität verlieren. Bei einem allzu freien Gebrauch würden unvermeidlich auch die guten Erinnerungen ihren Charakter ändern. Wie groß wäre noch die Genugtuung über etwas, was einem endlich gelungen ist, wenn die Erinnerungen an die Misserfolge auf dem Weg dahin verschwunden sind? Und müssen wir uns denn nicht auch Sorgen machen, dass unsere Fähigkeit, mit Rückschlägen und schwierigen Lebenssituationen umzugehen, erodiert? Ohne Vergessenspille bleibt uns nichts anderes übrig, als Erfahrungen, so schockierend oder unangenehm sie auch sind, einen Platz in der Geschichte unseres Lebens zu geben, sie so mit unserer Existenz zu verweben, dass wir auch mit dieser Vergangenheit noch zurechtkommen. Der kurzfristige Gewinn einer Vergessenspille, schrieb Gedächtnispsychologe Daniel Schacter, Mitglied des Council, kann auf Kosten eines langfristigen Verlusts gehen: Wir werden nicht länger gezwungen sein, unangenehmen Ereignissen wirklich ins

Auge zu sehen und sie zu verarbeiten.[30] Manchmal ist es gerade diese Art von Ereignissen, die uns – hinterher, häufig erst sehr viel später – bewusst werden lässt, dass sie uns etwas beigebracht haben. Wir haben daraus gelernt. Die Erinnerung an eine Kränkung lehrt uns, wie sich ein anderer fühlen muss, wenn er gekränkt wird, persönliche Erfahrung mit dem Verlust eines Angehörigen verleiht uns die Fähigkeit, sich in jemanden einzufühlen, dem das Gleiche passiert.

Der Council warnte auch vor den möglichen Nachfolgern der heutigen Vergessenspille, einer neuen Generation von Medikamenten, die gezielt Erinnerungen verschwinden lassen könnte. Wie wäre es in totalitären Regimen, die dann auf pharmakologischem Weg das Denken und Handeln großer Gruppen von Menschen manipulieren könnten? Oder mit Behörden oder Versicherungen, die nicht länger bereit wären, so viel Geld für die Behandlung von Menschen mit einer posttraumatischen Stressstörung auszugeben? Würden Unternehmen nicht in Versuchung geraten, die präventive Einnahme einer Vergessenspille in die Arbeitsplatzbeschreibung von Arbeitnehmern aufzunehmen? Ist die Gefahr nicht groß, dass die pharmazeutische Industrie den Markt von Kummer und Leid entdeckt und sich auf die wirtschaftliche Nutzung im großen Stil konzentriert? Kommerzielle Interessen würden unabwendbar eine immer großzügigere Indikation erzwingen, wie es mit Antidepressiva und Ritalin längst geschehen ist.

Diese etwas an Science-Fiction erinnernden Szenarien entwirft der Council allerdings schon jetzt bei der rein klinischen Verwendung von Propranolol.

Was Ereignisse für uns bedeuten, erhält zum Teil erst Gestalt durch die Emotionen, die sie hervorrufen, wenn wir an sie zurückdenken. Mit gedämpften oder ganz gelöschten Emotionen ist es nicht mehr dasselbe Ereignis und wir erinnern uns gewissermaßen an etwas anderes als das wirklich Geschehene. Eine schändliche Handlung ist weniger schändlich geworden, eine Grausamkeit weniger grausam. Leid würde uns weit weniger bewegen und wir wären dadurch vielleicht auch weniger motiviert, Leid zu bekämpfen. Aber der höchste Preis, den wir zahlen, ist dieser:

Ausgerüstet mit neuen Fähigkeiten, das Leiden unter schrecklichen Erinnerungen zu vermindern, würden wir möglicherweise *alle* psychischen Schmerzen als unnötig betrachten und so allmählich nach einem Glück streben, das nicht länger im vollen Sinne menschlich ist: ein geistloses Glück, immun gegen Zeit und Ereignisse, ungerührt von den Schicksalsschlägen des Lebens. Genauer gesagt – wir könnten diesem Glück nachstreben, indem wir willentlich und wissentlich unsere wahre Identität aufgeben oder zersetzen. Wir würden nicht mehr versuchen, die beunruhigenden und bedrückenden Ereignisse so gut es eben geht in unser Leben als ein zusammenhängendes Ganzes zu integrieren, sondern sie lieber löschen, damit es weniger schwierig wird, mit ihnen zu leben, als es in Wirklichkeit ist.[31]

Der Council war konservativ geprägt. In der Begründung für die Gutachten, die erstellt wurden – Abortus: dagegen; Euthanasie: dagegen; Stammzellenforschung: dagegen; Klonen für medizinische Zwecke: dagegen –, wurde einem so genannten »natürlichen« Lebenslauf und der Gefahr eines »künstlichen« Eingriffs in ihn die Priorität eingeräumt. Kurz nach seinem Amtsantritt löste Obama den Council auf. Die Vorbehalte gegenüber der klinischen Anwendung der Vergessenspille waren vielen Bioethikern zufolge fehl am Platz. 2007 erschien in einem Themenheft des *American Journal of Bioethics* eine ganze Reihe kritischer Randbemerkungen zu den Erwägungen des Councils.[32] Dem Evolutionsargument wollte nicht jeder folgen. Das Ergebnis der Evolution ist nicht per Definition ein Optimum: Dass die Sehkraft im Alter nachlässt, ist ebenso gut das Ergebnis eines evolutionären Prozesses, wird aber niemanden daran hindern, eine Brille aufzusetzen. Außerdem unterscheiden sich die Umstände, in denen wir jetzt leben, tief greifend von der Umgebung, die den größten Teil unserer Evolution bestimmt hat. Auch das Argument der Überbehandlung ist relativ. Die meisten Menschen werden bei einer Wunde, in die Straßenschmutz gekommen ist, keinen Tetanus bekommen; die Tetanusspritze, die standardmäßig gegeben wird, ist genauso eine Überbehandlung wie die meisten Formen der Prävention. Dass Opfer nach einer Vergessenspille keine guten Zeugen mehr seien – wenn es denn stimmt –, darf nicht bedeuten, dass sie diese Pille nicht bekommen. Ärzte versuchen schon seit Jahr und Tag, die schlaflosen Nächte Traumatisierter mit einem Schlafmittel oder anderen beruhigenden Medikamenten zu beenden, obwohl diese tatsächlich einen nachteiligen Effekt auf das Gedächtnis haben.

In Belcampos Fiktion hat die Unterwelt die Entfernung von Erinnerungen schon bald entdeckt. In Diskussionen über die forensischen Konsequenzen der Vergessenspille tauchen sechzig Jahre später vergleichbare Szenarien auf. Der amerikanische Juraprofessor Adam Kolber rechnet mit Tätern, die absichtlich ihre Erinnerungen bearbeiten lassen werden, um so die Polizei oder die Geschworenen überzeugender in die Irre führen zu können.[33] Das wäre aus ihrer Sicht vernünftiger, als sich auf ihr Schweigerecht zu berufen, bei dem sich die Geschworenen das Ihre denken würden. Eine nächste Frage ist, ob jemand, der ein schweres Verbrechen begangen hat und unter intensiver Reue und Scham leidet, die Zustimmung erhalten sollte, sich pharmakologisch davon zu befreien. Wenn die Antwort Nein lautet, stellt sich die Frage, ob die Verweigerung der Behandlung dann nicht einer zusätzlichen Strafe gleichkommt, die auf die eigentliche Strafe angerechnet werden müsste? Umgekehrt könnte die Erleichterung des Leidens beim Täter vielleicht eine höhere Strafe rechtfertigen. Für eine ganze Reihe schwieriger Erwägungen sorgt auch, dass es zurzeit noch unklar ist, ob neben den Gefühlen auch die Erinnerungen an das Ereignis durch Propranolol angegriffen werden. Sollten Opfer eines potenziell traumatisierenden Verbrechens eine Vergessenspille nehmen dürfen, wenn sich dadurch ihr Wert als Zeuge verringert? Ist der Täter noch nicht aufgespürt, kann das persönliche Interesse der Opfer, nicht mehr als nötig zu leiden, mit dem gesellschaftlichen Interesse kollidieren, den Täter zu überführen, bevor ihm noch mehr Menschen zum Opfer fallen. Juristen haben erläutert, dass absichtliches Verwischen oder Löschen von Erinnerungen rein rechtlich auf Widerstand gegen die Justiz und die »Manipulation von Beweismaterial« hinausläuft, beides ist strafbar.[34] Wird der Täter aufgespürt und verurteilt, könnte sein Anwalt nach der Zeugenaussage des Opfers anführen: »Das Opfer sagt das zwar jetzt, aber wir sollten nicht vergessen, dass es eine Vergessenspille eingenommen hat.« Auch wenn Propranolol nur die Emotionen dämpft, die Erinnerung aber intakt lässt, entstehen Dilemmata. Würden Opfer einer Vergewaltigung nach Einnahme einer Vergessenspille, die ihre Gefühle von Abscheu, Demütigung und Wut dämpfen, noch die Motivation aufbringen, Anzeige zu erstatten und das sowieso schon äußerst belastende Verfahren von Fahndung, Vernehmung und Prozess zu durchlaufen?

Die Vergessenspille könnte das Verhältnis zwischen Verbrechen, Verantwortung und Strafe massiv verschieben. Der Täter ist noch immer des Verbrechens schuldig, *aber ist er auch als Einziger für das hierauf folgende Trauma verantwortlich?* Liegt ein Teil dieser Verantwortung jetzt nicht in der Hand des Opfers, das beschließen kann, eine Vergessenspille zu nehmen oder es zu lassen? Noch einen Schritt weiter ist die Möglichkeit gegeben, dass der Anwalt eines Vergewaltigers während des Verfahrens argumentieren könnte, sein Mandant habe zwar Leid verursacht, aber dieses Leid hätte jedoch sehr viel geringer ausfallen können, wenn das Opfer so vernünftig gewesen wäre, den Rat des Polizeiarztes zu befolgen, rechtzeitig eine Vergessenspille einzunehmen. Könnte man daher nicht eigentlich auch von einer Nachlässigkeit seitens des Opfers sprechen? Und umgekehrt, müsste die Strafe – oder das Schmerzensgeld in einer zivilrechtlichen Angelegenheit – nicht niedriger ausfallen, wenn das Opfer tatsächlich eine Vergessenspille eingenommen hätte? Die äußerste Konsequenz könnte sein, dass Verbrechen wie Bedrohung, Misshandlung und Vergewaltigung als weniger schwerwiegend eingestuft würden, weil die Folgen jetzt ja abgemildert werden können.

Argumentationen wie diese lassen die Alarmglocken läuten. Bei Vergewaltigungsfällen gibt es eine lange und deprimierende Tradition, einen möglichst großen Teil der Verantwortung auf die Frau abzuwälzen, die ausgeschlagene Vergessenspille würde dann in derselben Argumentationskette landen wie der kurze Rock oder das zu tief ausgeschnittene Oberteil. Und wie frei würde sich eine Frau dann noch fühlen, eine Vergessenspille *nicht* zu nehmen? Viele medizinische Innovationen sind zunächst eine Option, die auch abgewählt werden kann. Oft bekommen sie mit der Zeit etwas Verpflichtendes. Diese Verpflichtung muss nicht immer gesetzlich festgelegt sein: Manchmal gibt es einen indirekten Druck, durch den sich Menschen gezwungen fühlen, doch von dem angebotenen Medikament Gebrauch zu machen: Eltern bekommen zu hören, ihr hyperaktives Kind solle lieber einen passenderen Unterricht besuchen, es sei denn, es nähme Ritalin. Menschen, die wegen einer Depression arbeitsunfähig sind, werden dem Vorwurf ausgesetzt, der eigenen Genesung im Weg zu stehen, solange sie sich weigern, Antidepressiva zu nehmen. Kolber verweist auf einen (amerikanischen) Rechtsfall, bei dem einer Frau ein niedrigerer Betrag von ihrer Versicherung ausgezahlt wurde, weil sie entgegen dem medizinischen Rat kein Prozac eingenommen hatte.[35] In einem anderen Fall – einer Vergewaltigung – bekam eine Frau weniger Schmerzensgeld zugesprochen, weil sie der Empfehlung ihres Psychiaters, die Therapie nach dem Umzug in eine andere Stadt fortzusetzen, keine Folge geleistet hatte.[36] Eine Vergessenspille, vorhanden, aber nicht eingenommen, würde sich gemäß dieser Logik schnell in eine Nachlässigkeit verwandeln. Das Opfer hätte etwas falsch gemacht.

Ein süßes Gegengift

Drei Hexen auf der nächtlichen Heide hatten es ihm prophezeit: Einst würde er, Heerführer Macbeth, zum König von Schottland gekrönt. Aber es gebe noch Hindernisse: Der aktuelle König Duncan erfreut sich blendender Gesundheit. Als der König bei Macbeth zu Gast ist, lässt Lady Macbeth seine Leibwache betäuben und wiegelt ihren Mann auf, Duncan im Schlaf zu töten. Der ehrlose Mord ist der Anfang von weiterem Blutvergießen, immer auf Lady Macbeths Betreiben hin. Während die Krone immer näher rückt, nimmt jedoch ein unerwartetes Leiden zu. Die Folter kommt von innen heraus. Lady Macbeth wird von Gewissensbissen gequält. Sie hat keinen ruhigen Moment mehr. Ohne Licht kann sie nicht mehr schlafen, und wenn sie eingeschlafen ist, steht sie wieder auf: Schlafwandelnd irrt sie durch das Schloss, die Augen weit aufgesperrt, eine gespenstische Erscheinung, ihre Hände reibend, als wolle sie Blut von ihnen waschen. Macbeth lässt einen Arzt kommen. Der kann nichts machen: Sie ist nicht krank, es sind die Angstvisionen, die sie quälen. Macbeth will nicht glauben, dass der Arzt nicht helfen kann. Es muss doch ein Mittel geben, um ihr zu helfen?

Kannst nichts ersinnen für ein krank Gemüt?
Tief wurzelnd Leid aus dem Gedächtnis reuten?
Die Qualen löschen, die ins Hirn geschrieben?
Und mit Vergessens süßem Gegengift
Die Brust entledigen jener giftgen Last,
Die schwer das Herz bedrückt?[37]

Doch der Arzt ist machtlos – eine solche Medizin gebe es nicht, die Kranke werde sich selbst heilen müssen.

Die Albträume, das Wiedererleben, die nagenden Gewissensbisse, die Angst im Dunkeln, der gestörte Schlaf, so viele Zeichen deuten darauf hin, dass sie nicht nur Verderben in das Leben anderer gebracht, sondern dabei auch sich selbst geschädigt hat. Es wird ihr nicht mehr gelingen, sich selbst zu heilen. Noch bevor die entscheidende Schlacht um den Thron beginnt, verübt Macbeth Selbstmord.

Das Ironische daran ist, dass eine der schärfsten Formulierungen eines Verlusts, das Fehlen einer Medizin gegen peinigende Erinnerungen, eingegeben ist durch das Leiden eines Menschen, der in Gedankenexperimenten und ethischen Reflexionen gerade *keine* Vergessenspille bekommen dürfte. Nicht nur für den Council von Präsident Bush war es ein Schreckensbild, dass Menschen, die schwere Verbrechen begangen haben, der Folter ihres Gewissens entkommen könnten.

Zu sagen, Lady Macbeth habe sich selbst ein »Trauma« verschafft, wäre ein Anachronismus. Bis zum Ende des neunzehnten Jahrhunderts stand Trauma für einen körperlichen Schaden, der von einem Arzt behandelt werden musste. Das ist schon lange nicht mehr die primäre Bedeutung. Vor allem durch Zutun Freuds wurde das Trauma zu einer psychischen Schädigung, erst als Metapher, später buchstäblich. Wer heute traumatisiert ist, hat kein gebrochenes Bein, sondern eine seelische Verletzung. Wenn ein Trauma heute noch bei einem Arzt landet, ist dies meist ein Hausarzt, der vielleicht die somatischen Folgewirkungen des Traumas präsentiert bekommt, danach aber schnell zu einem Psychiater oder Psychologen überweist. Dann beginnt in der Regel eine Behandlung in Form von Verhaltenstherapie, Psychoanalyse oder EMDR. Aber pharmakologische Eingriffe, wie mit Propranolol, sind Ärzten vorbehalten. Durch eine Vergessenspille wäre das Trauma ein Jahrhundert nach Freud wieder bei den Medizinern angelangt.

In den Diskussionen, die über Trauma und Vergessen geführt werden, hat sich dieser Wechsel bereits niedergeschlagen. Alle Parteien, ob sie nun für oder gegen pharmakologische Hilfe beim Vergessen sind, bedienen sich medizinischer Analogien. Die Möglichkeit, dass jemand vor einem Verbrechen eine Vergessenspille nimmt, um sich vor dem Schmerz der Reue zu schützen, nennt der Council »impfen«.[38] An anderer Stelle findet sich etwas über die »prophylaktische« Einnahme der Vergessenspille[39], und auch »Überbehandlung« ist ein medizinischer Begriff. Verweise auf Rechtsfälle drehen sich immer wieder um Fälle, bei denen medizinische Fragen zur Diskussion stehen, wie bei der Bestimmung der Höhe des Schmerzensgeldes für einen Mann, der sich nach einer falschen HIV-Diagnose geweigert hatte, Antidepressiva zu nehmen, und so, der Gegenpartei zufolge, sein Leiden unnötig hatte andauern lassen.[40] Die Vergessenspille wird den Hilfsmitteln zugeteilt, die eingesetzt werden, um körperliche Leiden oder Mängel zu beheben: die Brille, die Operation eines gebrochenen Beins, die Knieprothese.

Ethische Diskussionen über die Medikalisierung des Vergessens drehen sich zum einen um das schon jetzt Mögliche, zum anderen um eine hypothetische Vergessenspille, die Nachfolgerin der heutigen, die pharmazeutische Möglichkeit, Erinnerungen selektiv zu entfernen. Das verleiht den Erwägungen einen etwas futuristischen Charakter. Aber die Zeichen auf dem Weg der Entwicklung dieser Art von Medizin sind nur allzu vertraut. Die Prozesse, die dazu führen, dass eine Option verpflichtend wird, sind aus Studien zu anderen psychotropen Medikamenten wie Antidepressiva und Ritalin bekannt.[41] Entlang derselben Linien, die Technologiekritiker für andere gesellschaftliche Entwicklungen aufgezeigt haben, würde die Welt, in der die Vergessenspille nicht mehr als eine Option ist, sich so verändern können, dass jede Unverbindlichkeit daraus verschwunden ist. Wenn man »etwas« medizinisch »behandeln« kann, schrieb die Philosophin Cadwallader, wird dieses »etwas« schnell als pathologisch angesehen. Das könnte auch für Erinnerungen an eine Vergewaltigung gelten.[42]

Bei einer Karriere wie der von Antidepressiva und Ritalin würde die Vergessenspille, sobald sie für die Behandlung zur Verfügung stünde, eine baldige Erweiterung der Indikation erfahren. Wie Belcampo schon 1953 – ein Vierteljahrhundert vor der Einführung des Begriffs Medikalisierung – für die chirurgische Entfernung von Erinnerungen beschrieb, bliebe die Indikation nicht länger auf klinische Anwendungen beschränkt. Pharmazeutische Unternehmen würden versuchen, die Grenzen dessen, was zu einem Trauma gezählt werden kann, zu erweitern. In der Werbung, wie in Amerika erlaubt, könnte »eine beschämende oder demütigende Erfahrung im Büro« als guter Grund für die Einnahme einer Vergessenspille präsentiert werden.[43] Und weil sich solche Situationen unerwartet ergeben, ist es vielleicht vernünftig, schon mal ein paar Pillen in der Tasche zu haben.

Wird es wirklich derart schlimm kommen? Artikel und Interviews über die Vergessenspille stellen es gern so dar. Die Forscher selbst sind meist ein wenig vorsichtiger. Sie denken an die vielen Schritte zwischen Laborversuchen mit Ratten und menschlicher Nutzung und verweisen meist auf eine weit entfernte Zukunft. Für diese Zurückhaltung gibt es gute Gründe.

Eine erste Nuancierung ist, dass die Vergessenspille vorläufig noch wenig mit Vergessen zu tun hat. Die Wirkung, die längst nicht bei allen Versuchspersonen eintrat, läuft auf die Dämpfung emotionaler Assoziationen hinaus, die mit der Erinnerung verbunden sind. Dass sich die Wahrscheinlichkeit einer posttraumatischen Stressstörung verringert, dass häufiges Wiedererleben abnimmt und Schreckreaktionen abflauen, weist eher auf einen allmählichen Prozess hin, auf ein Verwischen vielleicht, nicht auf Löschen oder Vergessen.

Eine zweite Überlegung ist, dass überhaupt nicht klar ist, ob Menschen eine angebotene Vergessenspille auch wirklich einnehmen würden. In einer kürzlich erfolgten Studie wurden Versuchspersonen gebeten, sich vorzustellen, sie seien nachts auf dem Heimweg überfallen worden und hätten einen Messerstich davongetragen.[44] Auf die Frage, ob sie gern die Option hätten, eine Pille einzunehmen, die die Wahrscheinlichkeit einer posttraumatischen Stressstörung vermindert, antwortete etwas mehr als die Hälfte bestätigend. Alter oder Geschlecht spielten keine Rolle. Aber auf die Frage, ob er die Pille dann auch wirklich einnähme, sagte nicht einmal jeder Fünfte, er würde es tun. Auffallenderweise neigten gerade Teilnehmer, die angegeben hatten, einst selbst ein traumatisches Erlebnis gehabt zu haben, *weniger* dazu, eine solche Pille einzunehmen. Lieber die emotionale Belastung einer unangenehmen Erfahrung, scheint es, als ein schwarzes Loch, wo sich einst die Erinnerung befand. *Keine* Erinnerung haben, im vollen Bewusstsein, dass da aber etwas geschehen ist, etwas Schlimmes, kann mehr Schaden anrichten als die Erinnerung an wirklich Geschehenes. Frauen, die vergewaltigt worden waren, während sie durch Alkohol oder heimlich zugeführte Drogen betäubt waren, haben größere Schwierigkeiten mit der Verarbeitung als Frauen, die sich sehr wohl an die Vergewaltigung erinnern.[45] Nicht genau zu wissen, was mit ihnen geschehen ist, verunsichert diese Frauen noch lange.

Auch außerhalb forensischer oder traumatischer Umstände kann eine Lücke im Gedächtnis schwieriger zu verkraften sein als die Erinnerung. In *Eternal Sunshine* verliebt sich Mary, die Assistentin der Firma Lacuna, in ihren Chef, den verheirateten Arzt Mierzwiak. Er wehrt ihre Annäherungen ab. Erst später kommt sie durch einen Zufall dahinter, dass sie früher einmal sehr wohl eine Beziehung mit ihm gehabt hatte, diese jedoch – mit ihrer Zustimmung – aus ihrem Gedächtnis gelöscht wurde, als Mierzwiaks Frau dahinterkam. Mindestens drei Personen, vielleicht mehr, wissen von diesem Teil ihrer Vergangenheit. Für Mary ist dies eine unmögliche Situation. Sie hat keine Ahnung, was sich in dieser Zeit abgespielt hat. Letzten Endes beschließt sie, zu kündigen. Ihr desolater Zustand wird jedem vertraut sein, der – nach einer durchzechten Nacht – morgens merkt, dass ihm oder ihr ein Teil des Abends verloren gegangen ist. Ein Blackout ist selten mit beruhigenden Vermutungen über den Verlauf des Abends verbunden, das Vakuum saugt eher beunruhigende Vorstellungen an, eine unangenehmer als die andere.

Und dann gibt es noch eine letzte Erwägung. Die vielen Milliarden, die weltweit für die Entwicklung einer Lernpille oder für die Versuche ausgegeben wurden, das Gedächtnis vor den Folgen einer Alzheimer-Erkrankung zu schützen, wurden bislang vergeblich investiert. Lernpillen gibt es nicht, und der Patient, der heute die Diagnose Alzheimer bekommt, hat dieselbe miserable Prognose wie die Patienten, die diese Diagnose 1910 von Alois Alzheimer persönlich bekamen. Es erweist sich als ausgesprochen kompliziert, den natürlichen Verlauf von Gedächtnisprozessen – im kranken oder gesunden Zustand – pharmakologisch zu beeinflussen. Die gleiche Resistenz scheint das Gedächtnis bei Versuchen zu haben, Erinnerungen absichtlich zu eliminieren. Vielleicht geben Veröffentlichungen zur Vergessenspille eine zu magere Definition dessen, was eine Erinnerung ist. Allein schon der Singular führt in die Irre. Erinnerungen sind keine Elementarteilchen mit ihrer eigenen winzigen Gehirnspur. Die Prämisse in Belcampos Erzählung, die noch aus den Dreißigerjahren stammende Theorie über die Mikrolokalisierung von Erinnerungen, ist mittlerweile widerlegt. Erinnerungen haben assoziative Verbindungen mit Bildern, Geräuschen und Gerüchen irgendwo im Gehirn gespeichert. Sie lassen, in wiederum anderen Teilen des Gehirns, Emotionen anklingen. Sie sind mit weiteren Erinnerungen verwachsen, verwoben in Geschichten, aufgenommen in das, was wir sonst noch von unserer Vergangenheit wissen. Erinnerungen sind genauso organisch wie das Gewebe, in dem sie gespeichert sind. Für diejenigen, die spezifische Erinnerungen gern pharmakologisch oder neurochirurgisch entfernen lassen würden, ist dies ein entmutigender Gedanke. Wo soll man anfangen? Das Gedächtnis ähnelt noch am ehesten einem verwilderten Garten. Der Versuch, sehr genau und zielgerichtet Erinnerungen zu eliminieren, wird große Ähnlichkeit mit der Entfernung von Efeu aufweisen. Den größten Widerstand gegen das Löschen von Erinnerungen wird das Gedächtnis selbst bieten.

Der Rashomon-Effekt

Die Geschichte spielt im elften Jahrhundert. Unter dem Rashomon-Tor, gelegen an einem der Zugangswege zur kaiserlichen Stadt Kyoto, suchen ein Priester und ein Holzfäller Schutz vor dem Regen. Wenig später gesellt sich ein weiterer Mann aus dem Regenschleier heraus zu ihnen. Die Männer beginnen ein Gespräch darüber, was sich ein paar Tage zuvor in einem Wald in der Nähe ereignet hat. Ein Samurai und seine Frau waren auf der Durchreise von einem Räuber überfallen worden. Der Samurai wurde ermordet, seine Frau vergewaltigt. Der Priester hatte sie kurz vor dem Überfall noch gesehen; einige Stunden später war der Holzfäller buchstäblich über die Leiche des Samurai gestolpert. Jetzt kamen die beiden gerade vom Gerichtshof, wo sie eine Aussage gemacht hatten. Der Räuber war schon gefasst worden, er hatte zugegeben, für den Tod des Samurai verantwortlich zu sein.

Das Gespräch zwischen den drei Männern ist der Auftakt von *Rashomon* (1950), einem Film des japanischen Regisseurs Akira Kurosawa.[1] Unter dem baufälligen Tor spinnen sich die Geschichten fort. Der Priester und der Holzfäller erzählen, was sie durch ihre Zeugenaussagen vor Gericht erfahren haben. Nach und nach zerfällt der augenscheinlich so einfache Sachverhalt – ein Mord, gefolgt von einer Vergewaltigung – in verschiedene Versionen des Geschehenen. Der Räuber und die Frau des Samurai erzählten jeweils eine andere Geschichte.

Der Räuber erklärte, den Samurai in einen Zedernwald gelockt zu haben. Dort habe er ihn überfallen und an einen Baum gefesselt. Danach habe er die Frau geholt. Diese habe zuerst versucht, sich mit einem Dolch zu verteidigen, aber schließlich, so behauptete der Räuber, sei es ihm gelungen, sie zu verführen, vor den Augen des Samurai habe sie sich ihm hingegeben. Danach habe sie vorgeschlagen, die beiden Männer sollten sich um sie duellieren. Der Samurai und der Räuber hätten sich einen heftigen Schwertkampf geliefert, der Bandit habe gewonnen. Er habe die Frau also nicht vergewaltigt und den Samurai nicht ermordet, sondern dieser habe das Duell verloren.

Die Frau erzählte eine ganz andere Geschichte. Der Räuber habe sie vergewaltigt und ihr Mann habe machtlos zuschauen müssen. Aber für sie sollte das Schlimmste erst noch kommen. Nachdem sich der Räuber aus dem Staub gemacht hatte, habe ihr Mann sie mit kühlem Blick angesehen. Sie habe ihn losgebunden, aber er habe sie weiterhin schweigend und verächtlich angesehen. Dann sei sie wohl ohnmächtig geworden. Wieder bei Bewusstsein, habe sie gesehen, dass ihr Mann tot auf dem Rücken lag, den Dolch in der Brust.

Aber auch der Samurai selbst hatte eine Geschichte zu erzählen. Sie erreichte die Richter in Gestalt einer

alten Frau, die als Medium für den Geist des Toten auf-
trat. Nach der Vergewaltigung habe der Räuber die
Frau gebeten, mit ihm zu gehen. Sie habe zugestimmt,
unter der Bedingung, dass er zuerst ihren Mann töte.
Ihre Treulosigkeit habe den Räuber so schockiert, dass
er dem Samurai angeboten habe, nicht ihn, sondern
seine Frau zu ermorden. Bevor es dazu habe kommen
können, sei sie geflüchtet. Der Samurai sei dann vom
Räuber befreit worden. Da er seine Frau nicht hatte
verteidigen können, sei seine Ehre geschändet gewesen. Mit dem Dolch seiner Frau habe er Hand an sich
gelegt.

In *Rashomon* entfaltet sich keine Geschichte – sie wird
immer neu ausgelegt. Der Film folgt der Geschichte des
Räubers in Rückblenden, verfährt so jedoch auch mit
den Geschichten des Samurai und seiner Frau, nicht
einmal der Kamera kann man trauen. Und die Verwirrung wird noch größer: Unter dem Stadttor, noch immer Schutz vor dem Platzregen suchend, widerruft der
Holzfäller seine frühere Zeugenaussage und es folgt
eine vierte Geschichte. Zum Schluss, als die Bewölkung
aufreißt und es endlich zu regnen aufhört, ist unsiche-
rer denn je, was im Wald tatsächlich geschehen ist.

Das Problem ist keinesfalls ein Mangel an Fakten.
Der Samurai ist tot: ein Fakt. Er ist durch einen Stich
ins Herz gestorben: ein weiterer. Es hat einen sexuellen Kontakt zwischen dem Räuber und der Frau des
Samurai gegeben: ebenfalls ein Fakt. Aber diese Fakten bedeuten in jeder Version des Geschehenen etwas
anderes. Der Tod kann die Folge von Mord oder Selbst-

mord sein. Die tödliche Waffe kann vom Räuber oder vom Samurai selbst geführt worden sein. Ging es beim Sex zwischen dem Räuber und der Frau um Vergewaltigung oder um Verführung? Die Aussagekraft der Fakten leitet sich von ihrer Gewichtung in den jeweiligen Zeugenaussagen ab.

Der *Rashomon*-Film wurde Kult. Die Kamera als unzuverlässige Erzählerin, die irreführenden Rückblenden, das offene Ende – all das waren 1950 spektakuläre Brüche mit kinematografischen Konventionen. In den Jahrzehnten danach wuchs *Rashomon* über sein Medium hinaus, er wurde ein Konzept, eine Idee, eine Philosophie. Und Anfang der Siebzigerjahre tauchte unvermeidlich an vielen Stellen der »Rashomon-Effekt« auf, als Bezeichnung für Situationen, in denen es nicht mehr gelingt, aus verschiedenen Aussagen den wahren Hergang zu ermitteln.[2]

Für einen Begriff, der auf Ambiguität verweist, ist es passend, dass heutzutage verschiedene, einander nicht deckende Beschreibungen des Rashomon-Effekts im Umlauf sind. Die einfachste Lesart ist, dass die Betroffenen oder Zeugen widersprüchliche *Erklärungen* ablegen und man unmöglich feststellen kann, welche Erklärung wahrheitsgetreu ist. So geschehen etwa im Fall »Nimwegener Motorroller«: Zwei Jungen auf einem Motorroller verursachen auf der Flucht vor der Polizei einen tödlichen Unfall und jeder der beiden erklärte, der andere habe den Roller gefahren. Der Kriminalpolizei gelang es nicht, zu beweisen, welcher der beiden die lügenhafte Erklärung ablegte. Eine unberechtigte Verurteilung zu vermeiden ist das höchste Rechtsprinzip. Das Gericht in Arnheim sah keine andere Möglichkeit, als beide vom Vorwurf des Totschlags oder der fahrlässigen Tötung freizusprechen.[3] Eine andere Lesart des Rashomon-Effekts ist, dass die Betroffenen über die *Interpretation* des Geschehenen unterschiedlicher Meinung sind. Ein Beispiel aus vielen: In einem Dorf in Westbengalen war eine Frau von mehreren Männern vergewaltigt worden.[4] Einer Version zufolge war sie eine vom Stammesführer auferlegte Strafe für ihr Verhältnis mit einem Mann außerhalb des Stammes. In einer anderen Variante war die Vergewaltigung die Vergeltung für ein nicht bezahltes Bußgeld. In wiederum einer dritten Variante war die Frau von Männern außerhalb ihres Stammes vergewaltigt worden. Dass von einer Vergewaltigung die Rede war, stand fest, die Deutungen der Motive und damit der Art des Delikts unterschieden sich. In der Anthropologie ist der Rashomon-Effekt seit den Achtzigerjahren ein fester Begriff, wenn es darum geht, Diskrepanzen in Feldstudien von Ethnografen zu verstehen.[5]

Aber es gibt noch eine dritte Lesart des Rashomon-Effekts – komplizierter als die beiden ersten.

Halbe Wahrheiten

Als Marten Toonder mit fünfundsiebzig Jahren seine Memoiren zu schreiben begann, verfasste er einen Brief an seinen zwei Jahre jüngeren Bruder, den Schriftsteller Jan Gerhard Toonder. Sie schätzten einander sehr, ihre Lebensläufe waren stark miteinander verwoben. Jan Gerhard hatte gut zehn Jahre zuvor schon Autobiografisches veröffentlicht. Das brachte für Marten gewisse Schwierigkeiten mit sich. »Du hast deine Sicht auf die Dinge schon so solide zu Papier gebracht«, schrieb er, »dass ich nicht um sie herumkomme; es ist bloß so schwierig, ihr hinterherzulaufen. Wie aber soll ich mit einer vollständig abweichenden Erinnerung an bestimmte Geschehnisse umgehen, ohne dabei indirekt anzugeben, dass du in deiner Autobiografie geflunkert hast?«[6] Dauerhaft beeinträchtigt hat ihn der Gedanke allerdings nicht. Schon bald beruhigte er sich selbst mit der Erklärung des Rashomon-Effekts: Verschiedene Zeugen erinnern sich nun einmal unterschiedlich an dieselben Ereignisse.

Dies ist die dritte Lesart des Rashomon-Effekts. Kommt nun noch der Faktor Gedächtnis ins Spiel, können Rashomon-Effekte entstehen, die so kompliziert sind, dass jede Hoffnung, sich daraus zu befreien, verfliegen muss. In den bisherigen Kapiteln sind bereits alle möglichen Beispiele aufgetaucht – ganze und halbe, vorübergehende und endgültige, innerhalb ein und desselben Individuums oder zwischen zwei oder

mehreren Personen. Aus den aufgezeichneten Erinnerungen von Jack Bruce, Ginger Baker und Eric Clapton ist nicht mehr zu rekonstruieren, wie *Cream* genau
zustande kam, wie Konflikte entstanden, wie sie wieder beigelegt wurden, wer welchen Anteil an welchem
Song hatte und wie dieser Anteil musikalisch bewer-
tet werden sollte. Keiner von ihnen wird der Ansicht
sein, dazu in Interviews oder in seiner Biografie lügenhafte Erklärungen abgegeben zu haben, aber auch in-
tegre, aufrichtige, nach bestem Wissen und Gewissen
wiedergegebene Erinnerungen können untereinander große Diskrepanzen aufweisen. Es sind höchstens
halbe Wahrheiten: wahr, weil sie beinhalten, wie man
sich daran erinnert, unwahr, weil sie nicht von anderen geteilt werden.

Damit jemand den Rashomon-Effekt erlebt, sind
nicht immer andere »Zeugen« notwendig. Zweifel über
Verwandtschaftsbeziehungen können mit sich bringen,
dass Menschen mit zwei verschiedenen Versionen ihrer Vergangenheit leben müssen, manchmal sogar mit
drei oder vier, je nach ihren Vermutungen, wer zum
Beispiel ihr leiblicher Vater gewesen sein mag. Die eine
Lebensgeschichte kann Erinnerungen aufsteigen lassen, die in der anderen unsichtbar geblieben wären.
Manchmal bekommen dieselben Erinnerungen einen Platz in zwei oder mehreren Geschichten, werden
aber unterschiedlich gedeutet. Zuweilen verändert die
Deutung sogar die Erinnerung.

Diese Erinnerungen kreieren einen Rashomon-
Effekt: Sie legen dasselbe Ereignis unterschiedlich

aus, widersprechen sich, lassen nicht *die eine* Lebensgeschichte entstehen. Das Ergebnis eines Verwandtschaftstest kann einen von diesen Geschichten ausschließen, aber das Umgekehrte kommt auch vor: das Ergebnis, das zu neuen Zweifeln führt, neuen Fragen, neuen Versionen der eigenen Vergangenheit, zu *mehr* Rashomon.

Sogar das erneute Lesen eines Texts kann einen Rashomon-Effekt hervorrufen. Die spätere Lesart hebt Themen hervor, die man in früheren Lesarten nicht bemerkt hat, verteilt die Rollen und Motive anders über die Figuren, verändert die Botschaft der Geschichte – gibt einem, kurz gesagt, eine Geschichte zu lesen, die nicht mehr mit der Geschichte übereinstimmt, an die man sich erinnerte. Es wäre naiv, zu denken, losgelöst von diesen verschiedenen Lesarten bestünde auch noch eine »wahre« Geschichte oder die neuste Lesart käme der »echten« Geschichte am nächsten: Beim erneuten Lesen in zehn Jahren kann wieder eine neue Geschichte entstehen. Erneutes Lesen erschafft einen Rashomon-Effekt, der sich in der Zeit verlagert, ohne zu verschwinden.

Pharmakologische Eingriffe ins Gedächtnis, so sahen wir, werden in Zukunft ihre eigenen Rashomon-Effekte schaffen oder tun dies schon jetzt. Wie die Wirkungen von »Vergessenspillen« auch sein mögen – ob sie nun Emotionen dämpfen, mildern oder löschen –, sie verändern die Erinnerung der Konsumenten. Die Wirkung einer Vergessenspille unterscheidet sich von Person zu Person, und wenn von mehreren Betroffe-

nen eines traumatischen Ereignisses einer eine Vergessenspille nehmen würde und der andere nicht,
würde dies unvermeidlich zu Erinnerungen führen,
die sich so voneinander unterscheiden, dass man glauben könnte, jeder von ihnen habe etwas anderes erlebt.

Die vielleicht kompliziertesten Rashomon-Effekte
treten in der Psychiatrie auf. Die individuellen Beschwerden oder Symptome der Patienten können
durch verschiedene Interpretationen vonseiten der
behandelnden Psychiater zu den unterschiedlichsten,
sich bisweilen völlig widersprechenden Diagnosen führen, eine Situation, die 1982 bereits einmal als »ein psychiatrischer Rashomon«[7] charakterisiert wurde. Wenn
sich die Anamnese auf Erinnerungen stützt – von Angehörigen oder vom Patienten selbst –, scheinen sich die
Komplikationen noch zu potenzieren, vor allem wenn
alle Betroffenen wissen, dass der Patient ein schweres
Verbrechen begangen hat. Das war genau die Situation,
die rund um den Unabomber entstand. Erinnerungen
von Ted Kaczynski selbst, seiner Mutter Wanda und von
seinem Bruder David, auch wenn sie sich um ein und
dasselbe Ereignis drehten, klafften so weit auseinander, dass sie jeweils ihre eigene Version der Vergangenheit erschufen. Diese Diskrepanzen leisteten der Tatsache Vorschub, dass man Kaczynski mit verschiedenen
und sich gegenseitig ausschließenden Diagnosen eti-
kettierte, jede mit Beobachtungen und biografischen
Einzelheiten, die gerade diese eine Diagnose als die
wahrscheinlichste erscheinen ließen. Dieser psychiatrische Rashomon-Effekt seinerseits war wiederum Teil

eines umfassenderen Rashomon-Effekts, denn auch für Wissenschaftler, die sich weigerten, sich psychiatrischer Labels zu bedienen, blieb noch immer eine Variation diverser Interpretationen offen. Resultierten Kaczynskis Anschläge aus einer extremen Form kognitiver Dissonanzen? War er ein ideologisch getriebener Ökoterrorist? Ein berechnender Anarchist? Sogar seine eigenen Erklärungen über seine Antriebsfedern liefen auf einen Rashomon-Effekt hinaus: In Briefen suggerierte er erhabene ökologische Motive; in seinem geheimen Tagebuch stand, er fühle sich von einer nicht mehr handhabbaren Aggression zum Töten gezwungen. Noch einmal: Es wäre naiv, aus all diesen Interpretationen eine auszuwählen, die angeblich die »Wahrheit« über Kaczynski und seine Motive repräsentiert. Wie einst die Richter in *Rashomon* müssen wir uns mit strittigen Erklärungen und Zeugnissen begnügen.

Am Abend vor dem ersten Drehtag von *Rashomon*, erinnert sich Kurosawa in seiner Autobiografie, bekam er Besuch von einer dreiköpfigen Gesandtschaft seiner Filmgesellschaft.[8] Sie wollten über das Drehbuch reden: Sie fanden es »unverständlich«. Sie hatten gehofft, am Ende des Films würde klar, welche Version mit der Wahrheit übereinstimmte. Kurosawa gab nicht nach. Es sei Menschen nicht gegeben, sich selbst gegenüber ehrlich zu sein, erläuterte er, sie neigten dazu, sich selbst zu schmeicheln und ihre eigenen Handlungen zu beschönigen. *Rashomon* sollte zeigen, dass so letztendlich die Wahrheit nicht zu finden sei, es gebe nur parteiische Erklärungen und halbe Wahrheiten. Was sich wirklich im Wald abgespielt habe, könne nicht festgestellt werden, die Vorstellung eines wahren Hergangs selbst sei eine Illusion. Zwei der Männer ließen sich schlussendlich von Kurosawa überzeugen, der dritte stiefelte wütend davon.

Das Gedächtnis filmt nicht

In seinem sechzigsten Lebensjahr schrieb Milan Kundera seinen Roman *Die Unsterblichkeit*. Am Ende blickt seine Figur Rubens auf seine erotischen Eroberungen zurück. Er legt eine Liste an, kommt jedoch schnell zu der Einsicht, dass er von manchen Frauen nur noch den Vornamen weiß, manchmal nicht einmal das. Er reduziert sie dann auf »die Sommersprossige« oder »die Lehrerin«.[9] Von den Gesprächen, die er mit ihnen geführt haben muss, weiß er rein gar nichts mehr. Woran er sich erinnert, sind einzelne Bilder, Fetzen, Fragmente – und selbst davon nur sehr wenige. »Das Gedächtnis filmt nicht«, denkt er sich, »das Gedächtnis fotografiert.«[10] Was von all diesen Begegnungen übrig blieb, ist ein kleines erotisches Album mit höchstens sieben, acht Fotos.

Bei beiden Metaphern – Erinnerungen als Filme oder Fotos – sind Zweifel angebracht, aber es stimmt, dass der Schnappschuss-Charakter von Fotos, die Momentaufnahme, besser zur Selektivität von Erinnerungen passt als eine Filmkamera, die eine Weile ohne Unterschied registriert, was sich vor der Linse abspielt.

Sollte das Gedächtnis doch filmen, statt zu fotografieren, erwogen die Psychologen Frederickson und Kahneman, hätten Erinnerungen den Vorteil, dass sie auch einen Eindruck von der *Dauer* der Ereignisse geben könnten.[11] Aus Schnappschüssen kann man diese nur ableiten, und das ziemlich lückenhaft. Dieser Unterschied wiederum hat Konsequenzen für die Art, wie ein Ereignis in »Echtzeit« erlebt wird, im Moment selbst, und wie man sich an dasselbe Ereignis später erinnert. Von Kahneman inspirierte Versuche, diesen Unterschied zu verdeutlichen, haben zu Ergebnissen geführt, die nur schwer mit unseren eingeschliffenen Vorstellungen von der Funktion unseres Gehirns in Übereinstimmung zu bringen sind.

Gemeinsam mit dem Arzt Redelmeier entwarf Kahneman Anfang der Neunzigerjahre eine Studie zum erlebten im Vergleich zum erinnerten Schmerz während einer medizinischen Untersuchung.[12] Bei einer Koloskopie (Darmspiegelung) wird über das Rektum ein Koloskop eingeführt und anschließend durch einen Teil des Darmsystems gelenkt. So können Polypen oder Tumore aufgespürt werden. Die 154 Patienten, die – mit ihrem Einverständnis – als Versuchspersonen teilnahmen, bekamen ein kleines Gerät in die Hand, mit dem sie minütlich ihr Schmerzerleben auf einer Skala von »kein Schmerz« bis »extrem viel Schmerz« angeben sollten. Trotz verabreichter Schmerzmittel war dieser Schmerz beträchtlich: Vier der zehn Versuchspersonen gaben irgendwann im Verlauf der Untersuchung das Maximum auf der Skala an. Nach Beendigung der

Koloskopie wurden die Patienten gebeten, auf einer Skala von null bis zehn zu markieren, wie viel Schmerz sie empfunden hatten. Es stellte sich heraus, dass es zwei Faktoren gab, die bestimmten, wie man sich an den Schmerz erinnerte: die Spitze im Schmerzerleben und das Schmerzniveau während der letzten paar Minuten der Untersuchung. Gemeinsam bilden diese beiden die »Spitze-Ende-Regel« (Peak-end rule). Redelmeier und Kahneman fanden denselben Effekt bei Behandlungen mit einem Nierensteinzertrümmerer.

Das Überraschende dieses Ergebnisses liegt gerade im fehlenden Faktor. Die Dauer der Koloskopie variierte von vier Minuten bis zu mehr als einer Stunde. Aber wie *lange* die Patienten Schmerzen empfunden hatten, unterschied sich kaum, wenn sie sich eine knappe Stunde später an ihren Eingriff erinnern sollten. Ob Patienten nun zehn, zwanzig oder vierzig Minuten Schmerzen empfunden hatten, entfiel im Vergleich zum Schmerz während der Spitze und zum Schluss. Würde man Grafiken vom Schmerzerleben während des gesamten Eingriffs zeichnen und auf der unteren Achse der Grafik allen Schmerz addieren, wäre auf einen Blick klar, dass jemand, der vierzig Minuten Koloskopie hinter sich hat, bedeutend mehr Schmerzen gelitten hat als ein anderer, der schon nach einer Viertelstunde fertig war. Aber solange das Schmerzerleben dieser beiden Patienten während der Spitze und am Ende übereinstimmte, erinnerten sie sich an die Untersuchung als etwa gleich unangenehm.

Schon innerhalb einer Stunde entstehen also Diskrepanzen zwischen dem Schmerz, den man während des Eingriffs empfunden hat, und dem, an den man sich erinnert. Patienten werden für ihre Entscheidung, ob sie eine Wiederholungsuntersuchung oder periodische Kontrollen in Anspruch nehmen, ihre Erinnerung zurate ziehen – schließlich ist sie das Einzige, vorauf sie sich verlassen können. Das brachte Kahneman zu einem Folgeversuch, erneut mit Koloskopie, aber dieses Mal mit einem manipulierten Ende.[13] Eine Hälfte von knapp 700 Patienten unterzog sich einer Koloskopie. Wenn der Arzt fertig war, wurde das Koloskop entfernt und die Untersuchung war beendet. Die andere Hälfte unterzog sich der gleichen Prozedur, aber nun ließ der Arzt am Ende der Untersuchung das Koloskop noch drei Minuten länger im Darm. Die Mitarbeiter standen weiterhin daneben, machten Notizen, schauten noch einmal auf den Monitor, aber taten nichts mehr mit dem Koloskop. Das Instrument im Rektum fühlte sich noch immer unangenehm an, aber nicht sehr schmerzhaft – im Durchschnitt 1,7 auf einer Skala von null bis zehn gegenüber 2,5 bei den letzten drei Minuten einer normalen Koloskopie. Die Verlängerung des Eingriffs um drei nicht allzu belastende Minuten veränderte selbstverständlich nichts an der erfahrenen Spitze im Schmerzerleben, die echte Koloskopie war ja schon vorbei. Was zunahm, war die Gesamtmenge erlittenen Schmerzes. Trotzdem erinnerte man sich an die verlängerte Koloskopie als weniger unangenehm, was nach fünf Jahren auch zu einer prozentual höheren Teilnahme nach einem Aufruf zur

Wiederholung der Koloskopie führte. Hätte sich das Gedächtnis wie eine Filmkamera verhalten und auch die Dauer und Menge des Schmerzes in Echtzeit festgehalten, wäre die Entscheidung möglicherweise anders ausgefallen.

Manipulationen des Endes haben merkwürdige Konsequenzen. Der Arzt könnte seinen Patienten in aller Offenheit vor das Dilemma stellen. Sie dürfen wählen: Eingriff A oder B. Eingriff B dauert länger und Sie werden mehr Schmerzen haben. Dann lieber A, sagt der Patient. Aber, fügt der Arzt hinzu, wenn Sie sich für B entscheiden, werden Sie sich später an die Untersuchung als weniger unangenehm erinnern als bei A. Und die Wahrscheinlichkeit, dass Sie später einmal zu einer Kontrolluntersuchung zurückkommen möchten, ist auch größer. Also, welche wählen Sie? Hier weiß der Arzt schon vor dem Eingriff, dass ein medizinischer Rashomon-Effekt entstehen wird: Der erlittene Schmerz und der erinnerte Schmerz werden sich widersprechen. Dieses Wissen stellt auch den Arzt in seinem Verhältnis zum Patienten vor ein Dilemma. Soll er ihn vor der »falschen« Wahl – mehr Schmerzen – behüten und einfach selbst entscheiden, was am besten gemacht wird? Oder soll er entscheiden, wie sich der Patient später an den Eingriff erinnern wird? Noch komplizierter wird es, wenn der Arzt bei seiner Entscheidung das höhere Interesse des optimalen Screenings mit ins Gewicht fallen lässt. Mammografie, die Röntgenuntersuchung der Brüste, erfahren die meisten Frauen als sehr schmerzhaft: Die Brüste werden zwischen zwei

Platten zusammengedrückt. 1990 nannte eine von fünf Frauen diesen Schmerz als Grund für ihre Weigerung, sich noch einmal einer solchen Untersuchung auszusetzen.[14] Seither ist das Verfahren nicht weniger schmerzhaft geworden. Der Endeffekt sagt vorher, dass eine um einige nicht allzu schmerzhafte Minuten verlängerte Mammografie als weniger unangenehm erinnert werden würde, was mehr Frauen dazu bringen könnte, sich doch lieber regelmäßig einer solchen Untersuchung zu unterziehen.

Die Spitze-Ende-Regel ist mittlerweile getrennt oder in Kombination in Dutzenden von Studien untersucht worden. Wie man Lärm verträgt, zum Beispiel, folgte demselben Gesetz.[15] Versuchspersonen entschieden sich nicht für den Versuchsaufbau, bei dem sie am kürzesten unangenehmen Lärm hätten ertragen müssen, sondern dafür, dass der Lärm am Ende gesenkt wurde, auch wenn diese etwas weniger unangenehmen Minuten einfach zur Dauer des Anfangslärms addiert wurden. Mehr Lärm, dafür am Ende gedämpfter, wurde als weniger unangenehm erinnert. Der Effekt gilt auch für das Anschauen von Kurzfilmen, die entweder besonders unangenehm oder sehr vergnüglich anzusehen sind.[16] Manipulationen des Endes hatten immer einen überproportionalen Einfluss auf die Bewertung des Films.

Der Endeffekt wirkte auch, wenn Versuchspersonen anhand fiktiver Lebensbeschreibungen beurteilen sollten, wie angenehm oder wertvoll dieses Leben wohl gewesen sei.[17] Die Hauptperson war immer eine Frau,

»Jen«, über die erzählt wurde, dass sie unverheiratet blieb, keine Kinder hatte und bei einem Autounfall starb. Sie war auf der Stelle tot. Im positiven Versuchsaufbau wurde zwischen Anfang und Ende erzählt, dass sie sehr glücklich war: Ihre Arbeit machte ihr Freude, sie genoss ihre Urlaube und sie verbrachte ihre Freizeit mit guten Freunden. In der negativen Version hatte sie eine langweilige Arbeit, keine Freunde und ihre Freizeit bestand aus einsamen Fernsehabenden. Anderen Versuchspersonen wurden Beschreibungen vorgelegt, in denen das positive Leben um fünf Jahre verlängert wurde. Jen war noch immer glücklich, aber nicht mehr so ungeteilt wie zuvor. Das negative Leben bekam fünf Jahre hinzu, in denen sie noch immer unglücklich war, aber nicht mehr so deprimiert wie zuvor. Eine letzte experimentelle Manipulation betraf die Länge ihres Lebens: dreißig oder sechzig Jahre, plus der fünf zusätzlichen. Das Ergebnis entsprach genau dem früherer Experimente mit dem Endeffekt. Die Urteile darüber, wie angenehm oder unangenehm Jens Leben gewesen war, wurden stark von den zusätzlichen fünf Jahren beeinflusst. Mit anderen Worten: Ein Leben von sechzig glücklichen Jahren wurde als angenehmer beurteilt als dieselben sechzig Jahre, gefolgt von noch einmal fünf Jahren etwas weniger Glück. Umgekehrt wurde ein Leben von sechzig Jahren Elend, verlängert um noch einmal fünf Jahre etwas geringeren Elends, als weniger unangenehm beurteilt als sechzig Jahre Elend auf die der Tod folgt. Wenn es nach den Beurteilenden ginge, liefe es darauf hinaus, dass die glückliche Jen vorzugsweise schon mit sechzig verunglückt wäre. Dass sie dann fünf durchaus noch glückliche Jahre verpasst hätte, spielte keine Rolle. Die unglückliche Jen dagegen hätte man sich lieber noch fünf Jahre länger mit ihrem sowieso schon unglücklichen Leben plagen lassen. Aber das seltsamste Ergebnis war wohl dieses: Für das Urteil darüber, *wie viel* Glück oder Elend Jen in ihrem Leben erfahren hatte, spielte die Länge – dreißig oder sechzig Jahre – keine Rolle.

Dass einige zusätzliche, etwas weniger glückliche Jahre die Qualität eines sehr glücklichen Lebens senken, nennen die Autoren den »James-Dean-Effekt«. Das ist ein Spezialfall des Endeffekts von Kahneman. James Dean hatte eine kurze, aber erfolgreiche Laufbahn als Schauspieler in *Jenseits von Eden* und *... denn sie wissen nicht, was sie tun.* Er starb mit vierundzwanzig bei einem Autounfall, bei dem er fast auf der Stelle tot war. Ein Leben also, das trotz seiner kurzen Dauer als positiv beurteilt wird, weil es auf seinem Höhepunkt endete, unverdünnt durch zusätzliche Jahre.

Die Vernachlässigung von Dauer zugunsten dem Ende einer Erfahrung ist in alltäglichen Situationen erkennbar. Die glückliche Ehe, die auf einen Rosenkrieg hinausläuft. Die erfolgreiche Karriere, die in einem Fiasko oder einem erzwungenen Weggang endet. Die Entzweiung nach einer langen, von beiden Seiten gehegten Freundschaft. Der Konflikt nach einer erfolgreichen Wiedervereinigung. Oder umgekehrt: die hinreißende Zugabe nach einem mäßigen Konzert, der plötzliche und kaum mehr erwartete Erfolg nach

Jahren des Rackerns, das Ergebnis »bestanden« nach einem schwerfällig verlaufenen Examen. In all diesen Fällen wird man im Rückblick die Dauer vernachlässigen. Ob der Scheidung zehn, zwanzig oder dreißig glückliche Ehejahre vorangingen, ob man zehn oder zwanzig Jahre jemandes Freundschaft genossen hat, ob es eine kurze oder lange Karriere war, im späteren Urteil über den Wert und die Qualität dessen, was man in diesem Zeitraum erfahren hat, wird das kaum einen Unterschied machen.

Für Kahneman ist dies eine »kognitive Illusion«.[18] Wir verwechseln die Erfahrung mit der Erinnerung an die Erfahrung. In uns hausen zwei »Selbste«: ein erfahrendes Selbst und ein sich erinnerndes Selbst. Und weil sich das erinnernde Selbst nach einiger Zeit – und manchmal schon sehr schnell – mit Schnappschüssen von Erfahrungen begnügen muss, kommt es zu Urteilen und Einschätzungen, die auf zukünftige Erinnerungen gerichtet sind, nicht auf zukünftige Erfahrungen. Das sich erinnernde Selbst vergleicht Kahneman mit einem unaufhörlich fotografierenden Touristen, der vergisst, den Moment zu genießen. Er will etwas von diesem Urlaub bewahren. Im Nachhinein müssen wir unsere Urteile über eine Freundschaft, eine kollegiale Zusammenarbeit oder eine Ehe darauf stützen, was das sich erinnernde Selbst davon festgehalten hat – und dass der Faktor Zeit darin nicht verlässlich registriert wird, ist der Fehler im System.

Der Unterschied zwischen den beiden »Selbsten«

wirkt etwas konstruiert, ist es aber nicht. Bei vielen alltäglichen Entscheidungen hinsichtlich seiner selbst
oder anderer hat man den Gedanken an den Unterschied zwischen Erfahrungen und was von diesen Erfahrungen übrig bleiben wird, im Hinterkopf. Gehen
Sie ins Pflegeheim, um einen an Demenz erkrankten
Freund zu besuchen, weil Sie wissen, dass er Ihre Gesellschaft genießen wird? Oder lassen Sie es sein, weil
Sie *auch* wissen, dass er Ihren Besuch gleich wieder
vergessen haben wird? Entscheiden Sie sich für sein
erfahrendes oder sein erinnerndes Selbst? Und zu wie
viel Mühe und Aufopferung – aufzubringen von Ihrem
erfahrenden Selbst – sind Sie bereit, um sich selbst zu
schönen Erinnerungen zu verhelfen? Oder dem erinnernden Selbst eines anderen?

Die nicht verlässliche Repräsentanz von Dauer in
unserem Gedächtnis bedeutet, dass die Erlebnisse,
an die wir uns zu erinnern meinen, schon bald nicht
mehr mit dem übereinstimmen, was wir in Wirklichkeit erlebt haben. Dass wir uns dennoch keines Rashomon-Effekts bewusst sind, hat eine einfache Ursache:
Das erfahrende Selbst hat nach dem Augenblick der
Erfahrung keine Stimme mehr. Es gibt keine strittigen
Erklärungen, weil nur noch ein Zeuge übrig ist. Das erfahrende Selbst kann keinen Filmbericht vorweisen, es
gibt nur die Fotos des erinnernden Selbst. Auf den vorhergehenden Seiten waren Dutzende Beispiele für Erinnerungen zu lesen, die im Nachhinein ihre Gestalt
verändert und dazu geführt haben, dass man in einer
anderen Vergangenheit lebt. Aber das Paradox, das aus

Kahnemans Experimenten folgt, ist noch radikaler: Indem man das Ende manipuliert, hat man *im Vorhinein* schon Einfluss auf Erinnerung, noch bevor die Erfahrung sich ereignet hat, die in den Erinnerungen festgehalten werden soll. Erinnerungen, die sich hinterher verändern, beweisen, dass die Vergangenheit nicht festgelegt ist. Aber Regie im Vorhinein bedeutet, dass die Zukunft auch nicht so offen ist, wie wir zu denken gewöhnt sind.

Verblasst

Mit dem Heraufbeschwören einer Erinnerung kommt nicht nur die Vergangenheit in die Gegenwart – auch die Gegenwart drängt sich in die Vergangenheit. Die Umstände, in denen man sich nun befindet, die Stimmung und Erwartung beeinflussen, an was und wie man sich daran erinnert. In fröhlichen Momenten scheint das Gedächtnis voller angenehmer Erinnerungen: Eine schöne Erinnerung lockt gleich die nächste hervor, sodass im Rückblick eine ganze Kette angenehmer Erinnerungen vorbeitanzt. Leider ist das Umgekehrte, wie sich in Studien zum Einfluss von Depressionen auf das Gedächtnis zeigte, auch wahr: Negativ gestimmt, präsentiert einem das Gedächtnis eine ganz andere Auswahl von Erinnerungen, und diese bekommen eine negativere Bedeutung, als es ohne Depression geschehen wäre. So kann eine Abwärtsspirale entstehen: Die Schwermut lässt eine Kolonne trauriger

Erinnerungen vorbeiziehen, und diese Erinnerungen wiederum nähren die trübselige Stimmung.

In manchen Therapien wird versucht, die Abwärtsspirale zu durchbrechen, indem man Patienten bittet, sich auf ihre schönsten, angenehmsten oder liebsten Erinnerungen zu konzentrieren, in der Hoffnung, dass diese die Stimmung verbessern. Die Ergebnisse sind nicht eindeutig. Manchmal scheinen schöne Erinnerungen tatsächlich zu einer Stimmungsaufhellung zu führen.[19] Aber bei depressiven Menschen hat man durchaus auch schon den umgekehrten Effekt gefunden, möglicherweise gerade weil die schönen Erinnerungen im Kontrast zu ihrer heutigen Stimmung stehen oder ihnen das Gefühl geben, es sei in ihrem Leben immer nur bergab gegangen.[20]

In den letzten Jahren seines Lebens, Witwer, vereinsamt, mit einem hapernden Gedächtnis, erfuhr Marten Toonder diesen Effekt am eigenen Leib. So glaubte er bereits seit dem Tod seiner Frau Phiny im Jahr 1990 nicht mehr an die heilende Wirkung schöner Erinnerungen. Eine Freundin hatte ihm in einem Kondolenzbrief geschrieben, er solle sich von den vielen schönen Erinnerungen an das Leben, das er mit seiner Frau verbracht hatte, getröstet fühlen. »Diesen Trost hatte ich damals verbittert von mir gewiesen«, schrieb Toonder in seiner Autobiografie, »weil gerade die schönen Erinnerungen nun am schwierigsten zu ertragen waren.«[21] Seine Einsamkeit wurde kurz unterbrochen, als er sich in die Komponistin Tera de Marez Oyens verliebte, aber sie starb schon kurz nach der Eheschließung im Jahr 1996. Innerhalb kurzer Zeit verlor er viele Angehörige. Sein Bruder Jan Gerhard war 1992 verstorben. Eine Hirnblutung beendete 1999 das Leben seines Sohnes Onno. Toonder wohnte ab 2001 im Rosa-Spier-Haus, inmitten von älteren Künstlern, fand aber wenig Befriedigung im Umgang mit anderen.

In den Gesprächen, die er kurz vor seinem Tod mit dem Filmemacher Robin Lutz geführt hat, durchlief er die Stationen seines Lebens. Hier und da ist es eine schmerzhafte Selbstbefragung. Im Nachhinein hätte er seinen Kindern gern ein anderer Vater sein wollen. Er hatte es ihnen materiell an nichts mangeln lassen, aber hatte er wirklich Kontakt zu ihnen gehabt? Onno war schon früh seinen eigenen Weg gegangen und hatte sich ein Leben als ambulanter Pfleger aufgebaut. Erst bei dessen Beisetzung wurde Toonder klar, wie wenig er von seinem Leben gewusst hatte. Er hatte erwartet, dass nur wenige Leute auftauchen würden, aber der Saal war gerammelt voll. Einer nach dem anderen zeugte in Trauerreden von dem wertvollen Platz, den Onno in ihrem Leben eingenommen hatte. Das ging stundenlang so weiter. »Nach den Reden«, erzählte Toonder, »gaben mir die Leute alle die Hand und kondolierten; ich hätte doch ein so besonderes Kind gehabt. Das gibt einem einen ganz anderen Blick auf die Welt und auf das eigene Kind. Vor allem, weil ich ihn eigentlich verkannt habe. Ich habe ihm Liebe gegeben ... indirekt, indem ich ihn mit Geld unterstützte. Liebe ist noch etwas anderes. Diese Liebe ... nein ... stattdessen gab es Auseinandersetzungen; wir waren uns immer uneinig.«[22]

In seinen Reminiszenzen versuchte er, die Erziehung, die er seinen Söhnen hatte angedeihen lassen, aus der Perspektive seines eigenen Lebens zu sehen: »Als ich jung war, sicherlich bis zu meinem fünfzigsten Lebensjahr, hatte ich so meine Prinzipien im Sinne von ›Das musst du so und so machen‹. In diesen fünfzig Jahren ging es bergauf und jeder dachte, ich hätte recht. Und später, jetzt in dieser Phase, schaue ich mir das alles noch einmal an. Dann denke ich: Worauf gründete das? Was hast du anderen gegeben? Du hast eigentlich alles bekommen, aber was hast du gegeben? Ja, eine gute Erziehung ... ich gab, wovon ich glaubte, es sei gut, aber wir hatten keine echte Beziehung.«[23]

Die revidierte Interpretation dessen, woraus seine Erziehung wirklich bestanden hatte, gab ihm eine andere Vergangenheit als die er erlebt zu haben glaubte. Schuldgefühle und Bedauern vertieften seine Schwermut. Ab dem Sommer 2000, nach dem Konflikt mit seinem Sohn Eiso, schien ihn wirklich nichts mehr aufmuntern zu können. Das gestörte Verhältnis zu dem Sohn, mit dem er besonders viel zusammengearbeitet hatte, beherrschte permanent seine Gedanken. Diese Unruhe wirkte wie ein Endeffekt: Sie hatte einen übermäßigen Einfluss auf die Erinnerungen an den Kurs, den sein Leben eingeschlagen hatte. In einem der Gespräche machte Toonder – inzwischen zweiundneunzig – einen beherzten Versuch, das Leben, wie er es geführt hatte, »objektiv«, als erfahrendes Selbst, davon zu trennen, was dieses Leben nun in seiner Erinnerung geworden war:

Alles lief, wie es laufen sollte. Ich habe wenig Sorgen gehabt und viel unternehmen können. Im Tausch dafür hat Gott mir viele Menschen genommen, die ich liebte. Das hat mir die Farbe genommen. Ich weiß, dass ich ein glücklicher Mann gewesen bin, ganz objektiv betrachtet. Alles passte, alles war gut, materiell, alles. Auch seelisch war es nicht ungünstig. Aber die Toten, die Umgebung, die Atmosphäre, all das hat meine guten Erinnerungen verblassen lassen.[24]

Die Schwierigkeiten mit Eiso waren durch einen Konflikt um einen Stiftungsrat entstanden, der Toonders künstlerisches Erbe beaufsichtigen sollte. Toonder wollte, dass Carla Back, schon lange eine treue Mitarbeiterin und eine große Kennerin seines Werks, einen Sitz darin erhielt. Eiso, auch Ratsmitglied, wehrte sich gegen ihr Kommen. Er stellte Toonder vor die Wahl: sie oder ich. Toonder weigerte sich, Back fallenzulassen, woraufhin Eiso ging.

Über den faktischen Gang der Dinge in dieser Ratskrise waren sich Toonder und sein Sohn durchaus einig. Aber bei der Interpretation des Geschehenen hatten beide ihre eigene Wahrheit. Eiso fühlte sich von seinem Vater im Stich gelassen. Toonder fand, sein Sohn hätte ihn nie vor diese Wahl stellen dürfen. Es gelang ihnen nicht, sich auf eine Interpretation zu einigen, mit der sie gemeinsam weiterarbeiten konnten. Die Menschen in ihrem Umfeld konnten das kaum mitansehen. Robin Lutz unternahm einen Vermitt-

lungsversuch, der nichts brachte. Toonders Lieblings-
enkel Aino, Sohn von Eiso, hatte versucht, mit seinem
Vater darüber zu reden. Vergebens. Alle Anstrengun-
gen scheiterten an zwei nicht zu vereinbarenden Perspektiven, an denen nicht zu rütteln war.

Kurz zuvor hatte es bereits einen Konflikt über die
Rechte an Toonders Künstlersignatur gegeben, die
Eiso sicherheitshalber beim Patentamt hatte festlegen
lassen. Auch das hatte Toonder schon in den falschen
Hals bekommen. In einem Fax ließ Eiso ihn wissen, er
verdiene dieses Misstrauen nicht. Als das Fax ankam,
schreibt Toonders Biograf, war Iris, die Tochter von
Tera de Marez Oyens, gerade bei ihm zu Besuch.

Sie betrat das Zimmer und fand ihn niedergeschlagen und sehr ergriffen in seinem Sessel sitzend vor,
das Fax in der Hand. Er bat Iris, es zu lesen. »Ich las
vor allem Sorgen von Eiso, wie ich Eiso kenne – immer die Qualität vor Augen und dem Verfall vorbeu-
gend. Das versuchte ich, Marten zu erklären, aber
da stieß ich bei ihm auf eine ungeheure Verletzt-
heit.«[25]

Ein Fax, zwei Leser, zwei Faxe.

Als Toonder 1988 seinem Bruder von den Diskrepanzen schrieb, die zweifelsohne zwischen den Erinnerungen in seiner eigenen Autobiografie und in der
seines Bruders entstehen würden, war der Verweis auf
den Rashomon-Effekt noch Ironie, ein Augenzwin-
kern: zwei alte Männer, zudem noch Schriftsteller, die

wissen, wie das so ist mit Erinnerungen. Aus dem Rashomon-Effekt, der zwischen ihm und Eiso entstanden
war, gab es kein Entkommen mehr. Marten Toonder
starb 2005, Eiso Toonder 2014.

Ich kann ebenso gut aufhören

Der Regisseur von *Rashomon* hatte seine Autobiografie
widerwillig verfasst. In seiner Jugend, erinnerte sich
Kurosawa, kamen manchmal reisende Kaufleute mit
einer Wundersalbe gegen Brandwunden an die Tür.
Diese Salbe war dadurch gewonnen worden, dass man
eine Kröte in ein Kästchen setzte, das mit vier Spiegeln
ausgekleidet war. Solchermaßen bedrängt, begann die
Kröte eine ölige Flüssigkeit abzusondern. Diese wurde
abgestrichen und zur Salbe verarbeitet. Schreibend
über sein eigenes Leben, gezwungen, sich selbst aus
verschiedenen Winkeln zu betrachten, fühlte er sich
oft wie so eine schwitzende Kröte.

Kurosawa sollte achtundachtzig werden. Seine Memoiren schrieb er, als er um die siebzig war. Im Epi-
log kam er noch einmal auf *Rashomon* zurück. Ein paar
Jahre zuvor war sein Film zum ersten Mal im Fernse-
hen gezeigt worden. In einem einleitenden Interview
hatte er gehört, wie der Präsident der Filmgesellschaft
alle Ehren für sich reklamierte. Kurosawa war fassungslos: Das war genau derselbe Mann, der seinerzeit
wütend davongestiefelt war und danach alles getan
hatte, um der Produktion dieses »unverständlichen«

Films entgegenzuarbeiten. Er konnte sich seine Wut kaum verbeißen. Es schien, als wäre er wieder in *Rashomon:* wieder die lügnerischen Erklärungen, wieder die Selbstüberhebung, wieder die schmeichelhaften Wahnvorstellungen vom eigenen Handeln.

Aber dann nimmt die Autobiografie eine überraschende Wendung. Denn hatte er *selbst* eigentlich das Recht, Kritik an diesem Präsidenten zu üben?

Bis hierher bin ich mit etwas gekommen, das einer Autobiografie ähnelt, aber ich bezweifle, dass es mir gelungen ist, auf diesen Seiten wirklich ehrlich über mich selbst gewesen zu sein. Ich vermute, ich habe meine üblen Züge ausgelassen und den Rest beschönigt. Wie dem auch sei – ich fühle mich außerstande, in gutem Vertrauen weiterzuschreiben.[26]

Und mit einem resoluten »Ich kann ebenso gut aufhören« beschloss er seine Memoiren. Er war bis zu seinem vierzigsten Lebensjahr gekommen.

Dank

Mein Dank gilt meiner Übersetzerin Verena Kiefer, die nicht nur dieses Buch, sondern bis heute sieben meiner Bücher ins Deutsche übertrug – mit sprachlicher Genauigkeit und Erfindungsreichtum, wie man sich es nur wünschen kann.

Esther Kormann danke ich für ihr konstruktives Lektorat. An entscheidenden Stellen hat sie ein besseres Buch daraus gemacht.

Anmerkungen

1   Brief vom 24. August 1986. In D. Matena & M. Toonder, *Wat jij, jonge vriend. Brieven 1979–1991*, Amsterdam 2009, 119.
2   W. Hazeu, *Marten Toonder*, Amsterdam 2012, 566–569.
3   R. Lutz, *Marten Toonder. Een heer vertelt*, Rotterdam 2011.
4   Lutz, *Marten*, 96.

Ist Ihre Vergangenheit die Summe Ihrer Erinnerungen?

1   http://www.kro-ncrv.nl/dnaonbekend.
2   *DNA Onbekend*, 23. Dezember 2010.
3   *DNA Onbekend*, 13. Januar 2011.
4   Diese Behauptung entfiel ab der dritten Staffel.
5   K. G. Anderson, »How well does paternity confidence match actual paternity? Evidence from worldwide nonpaternity rates«, *Current Anthropology*, 47 (2006), 3, 513–520.
6   M. Wolf, J. Musch, J. Enczmann & J. Fischer, »Estimating the prevalence of nonpaternity in Germany«, *Human Nature*, 23 (2012), 2, 208–217.
7   M. A. Bellis & R. R. Baker, »Do females promote sperm competition? Data for humans«, *Animal Behavior*, 40 (1990), 997–999.
8   H. Greiling & D. M. Buss, »Women's sexual strategies: the hidden dimension of extra-pair mating«, *Personality and Individual Differences*, 28 (2000), 929–963.
9   M. Voracek, T. Haubner & M. L. Fisher, »Recent decline in nonpaternity rates: a cross-temporal meta-analysis«, *Psychological Reports*, 103 (2008), 799–811.
10 A. Lucassen & M. Parker, »Revealing false paternity: some ethical considerations«, *The Lancet*, 357 (2001), 1033–1035.
11 *DNA Onbekend*, 2. Dezember 2010.

1   F. Nietzsche, Die fröhliche Wissenschaft, Chemnitz 1882. Hier
    zitiert aus *Philosophische Werke in 6 Bänden*. Hg. Claus Artur
    Scheier, Hamburg 2013, 3. Buch, S. 161, 217.

2   »Propaganda by deed: the Greenwich Observatory bomb of
    1894« (http://www.nmm.ac.uk/server/show/conWebDoc.413).

3   J. Conrad, *Der Geheimagent*. Hier zitiert aus http://gutenberg.
    spiegel.de/buch/der-geheimagent-3034/3.

4   Conrad, http://gutenberg.spiegel.de/buch/
    der-geheimagent-3034/3.

5   S. C. Johnson, *Psychiatric Competency Report*, 11. September 1998,
    44. http://www.unazod.com/psych.pdf.

6   N. Gibbs et al., *Mad Genius. The odyssey, pursuit, and capture of the
    Unabomber suspect*, New York 1996, 63.

7   Gibbs, *Mad Genius*, 78.

8   Gibbs, *Mad Genius*, 86.

9   Gibbs, *Mad Genius*, 88.

10 J. Douglas & M. Olshaker, *Unabomber. On the trail of America's most-
    wanted serial killer*, New York 1996, 181. »Technik-Nerd« wirkt wie
    ein Pleonasmus, aber *nerd* stand anfangs für jemanden, der nur
    Augen hat für sein Studium, die Zuspitzung auf Computer ist
    späteren Datums.

11 Douglas, *Unabomber*, 183.

12 Douglas, *Unabomber*, 183.

13 Douglas, *Unabomber*, 184.

14 Douglas, *Unabomber*, 194.

15 Douglas, *Unabomber*, 207.

16 Douglas, *Unabomber*, 279.

17 Douglas, *Unabomber*, 219.

18 Douglas, *Unabomber*, 242.

19 Douglas, *Unabomber*, 245.

20 Douglas, *Unabomber*, 198.

21 Douglas, *Unabomber*, 251.

22 Douglas, *Unabomber*, 259.

23 Douglas, *Unabomber*, 222–223.

24 D. Johnston & J. Scott, »The tortured genius of Theodore Kaczynski«, *New York Times*, 26. Mai 1996.

25 A. Chase, *A mind for murder. The education of the Unabomber and the origins of modern terrorism*, New York/Londen 2003, 112.

26 X. F. Amador & R. Paul-Odouard, »Defending the Unabomber: anosognosia in schizophrenia«, *Psychiatric Quarterly*, 71 (2000), 4, 363-371.

27 S. J. Dubner, »I don't want to live long. I would rather get the death penalty than spend the rest of my life in prison«, *Time*, 18. Oktober 1999, 44.

28 Johnson, *Psychiatric*, 6.

29 Johnson, *Psychiatric*, 12.

30 Johnson, *Psychiatric*, 32.

31 Johnson, *Psychiatric*, 33.

32 Johnson, *Psychiatric*, 41.

33 J. A. Silva, M. M. Ferrari & G. B. Leong, »Asperger's disorder and the origins of the Unabomber«, *American Journal of Forensic Psychiatry*, 24 (2003), 5-43.

34 Silva, »Asperger«, 14.

35 Silva, »Asperger«, 11.

36 Silva, »Asperger«, 8.

37 Silva, »Asperger«, 9.

38 Gibbs, *Mad Genius*, 52.

39 Zitiert aus der deutschen Ausgabe des *DSM IV-TR*, Göttingen, 2003.

40 Silva, »Asperger«, 19.

41 Der Fragebogen kann im Internet ausgefüllt werden: http://www.autismusundcomputer.de/aqtest.html.

42 Silva, »Asperger«, 21.

43 D. Draaisma, »Het hachelijke verband tussen autisme en delin-quent gedrag«, P. J. van Koppen, H. Merckelbach, M. Jelicic & J. W. de Keijser (Hg.), *Reizen met mijn rechter. Psychologie van het recht*, Deventer 2010, 105-119.

44 A. K. Magid, »The Unabomber revisited: reexamining the use of mental disorder diagnoses as evidence of the mental condition of criminal defendants«, *Indiana Law Journal Supplement*, 84 (2009), 1-21.

45 Magid, »Unabomber«, 9.

46 D. S. Jackson, »He's not crazy, he's our neighbour; in Montana,
Ted Kaczynski's aquaintances insist he was normal«, *Time*,
3. November 1997, 4.

47 Magid, »Unabomber«, 20.

48 C. Waits & D. Shors, *Unabomber. The secret life of Ted Kaczynski*,
Helena 1999.

49 Chase, *Mind*, 76.

50 Chase, *Mind*, 212.

51 H. A. Murray, »Studies of stressful interpersonal disputations«,
American Psychologist, 18 (1963), 1, 28–36.

52 Chase, *Mind*, 232.

53 Johnson, *Psychiatric*, 17.

54 T. J. Kaczynski, *Technological slavery. The collected writings of Theodore
J. Kaczynski, a. k. a. »The Unabomber«*, Port Townsend 2010.

55 Kaczynski, *Technological*, 374–375.

56 Chase, *Mind*, 351.

57 Chase, *Mind*, 342.

58 Chase, *Mind*, 344.

59 Chase, *Mind*, 344.

60 Chase, *Mind*, 347.

61 Johnson, *Psychiatric*, 45.

62 Über Kaczynskis Büchersammlung:
http://thebookshopper.typepad.com/the_book_shopper_
atlantad/2009/05/the-unabombers-library-part-2.html.

63 Chase, *Mind*, 159.

64 Chase, *Mind*, 160.

65 R. Giard & H. Merckelbach, »Nietzsches gelijk: waarom wijsheid
achteraf onbillijk is«, *Nederlands Juristenblad*, 84 (2009), 16,
1014–1021.

66 D. Wedding & D. Faust, »Clinical judgment and decision making
in neuropsychology«, *Archives of Clinical Neuropsychology*, 4 (1989),
233–265.

67 Breivik kopierte in seinem 1500 Seiten zählenden Manifest
große Teile aus dem Unabomber-Manifest und ersetzte die
»Linken« von Kaczynski durch »kulturelle Marxisten«.

68 B. Fischhoff, »For those condemned to study the past:

Reflections on historical judgment«, R. A. Shweder & D. W.
Fiske (Hg.), *New directions for methodology of behavioral science*, San
Francisco 1980, 79–93.

69 Wedding & Faust, »Clinical«, 246.

70 Chase, *Mind*, 344.

71 Chase, *Mind*, 340.

72 Chase, *Mind*, 341.

73 Chase, *Mind*, 349.

74 S. F. Kovaleski & L. Adams, »A stranger in the family picture«,
Washington Post, 16. Juni, 1996.

Josefs Träume

1 A. Fadiman (Hg.), *Rereadings*, New York 2005, XII.

2 Die Josef-Geschichte wird in der Genesis 37–50 erzählt, hier
zitiert aus der *Einheitsübersetzung*, Stuttgart 1980.

3 J. T. M. Naastepad, *Jozef*, Baarn 2002, 6–7.

4 D. Draaisma, *Wie wir träumen*, Berlin 2015.

5 A. Goodman, »Pemberly previsited«, in Fadiman, *Rereadings*,
155–164, 164.

Meine Zeit war die beste

1 Cream, *Royal Albert Hall, London, May 2-3-5-6, 2005*, 2005.

2 J. Koppel & D. Berntsen, »The reminiscence bump in autobiografical memory and for public events: A comparison across
different cueing methods«, *Memory*, 24 (2016), 1, 44–62.

3 J. M. Fitzgerald, »Autobiografical memory and conceptualiza-
tions of the self«, in M. A. Conway, D. C. Rubin, H. Spinnler &
W. A. Wagenaar (Hg.), *Theoretical perspectives on autobiografical
memory*, Dordrecht 1992, 99–114.

4 P. Fromholt et al., »Life-narrative and word-cued autobiografical memories in centenarians: comparisons with 80-year-old
control, depressed, and dementia groups«, *Memory*, 11 (2003),
81–88.

5   D. Draaisma, »Het beslissende boek«, *NRC Boeken*, 20. Juni 2008, 13.

6   J. R. Sehulster, »In my era: evidence for the perception of a special period of the past«, *Memory*, 4 (1996), 145–158.

7   S. M. J. Janssen, D. C. Rubin & M. A. Conway, »The reminiscence bump in the temporal distribution of the best football players of all time: Pelé, Cruijff or Maradona?«, *The Quarterly Journal of Experimental Psychology*, 65 (2012), 1, 165–178.

8   M. D. Schulkind, L. K. Hennis & D. C. Rubin, »Music, emotion, and autobiografical memory: they're playing your song«, *Memory & Cognition*, 27 (1999), 6, 948–955.

9   M. B. Holbrook & R. M. Schindler, »Some exploratory findings on the development of musical tastes«, *Journal of Consumer Research*, 16 (1989), 119–124.

10 C. L. Krumshansl & J. A. Zupnick, »Cascading reminiscence bumps in popular music«, *Psychological Science*, 20 (2013), 10, 1–12.

11 G. Baker, *Hellraiser*, London 2010, 1.

12 J. Bulger, *Beware of Mr. Baker*, 2012. Die vollständige Dokumentation ist auf YouTube zu sehen.

13 H. Shapiro, *Jack Bruce. Composing himself*, London 2010, 70.

14 Baker, *Hellraiser*, XI.

15 Baker, *Hellraiser*, 87.

16 Shapiro, *Jack Bruce*, 72.

17 E. Clapton, *Mein Leben*, Frankfurt, April 2009, 79.

18 Baker, *Hellraiser*, 98.

19 Baker, *Hellraiser*, 98.

20 Baker, *Hellraiser*, 114.

21 Shapiro, *Jack Bruce*, 110.

22 Clapton, *Mein Leben*, 303.

23 Shapiro, *Jack Bruce*, 275.

24 Baker, *Hellraiser*, 285.

25 Clapton, Mein Leben, 309.

26 http://ultimateclassicrock.com/cream-reunion-concerts/.

27 Baker, *Hellraiser*, 286.

1   J. Adler, »Erasing painful memories«, *Scientific American*, Mai
     (2012), 56–61; A. Caplan, »Deleting memories«, *MIT Technology
     Review*, 116 (2013), 4, 10; S. S. Hall, »Repairing bad memories«,
     MIT Technology Review, 116 (2013), 4, 48–54; J. Lehrer, »The
     forgetting pill: how a new drug can target your worst memories –
     and erase them forever«, *Wired*, März (2012), 84–93, 120–121.

2   K. Zinkant, »Die Pille zum Vergessen«, *ZEIT ONLINE Wissen-
     schaft*, 23. Oktober 2008. (http://www.zeit.de/online/2008/44/
     gedaechtnis-loeschen).

3   Lehrer, »Forgetting«, 88.

4   Belcampo, *Liefde's verbijstering*, Amsterdam 1953. Zitiert wird aus
     der Neuauflage von 1991.

5   Über Penfields Operationen und die anfechtbare Theorie vom
     absoluten Gedächtnis, die er daraus ableitete: D. Draaisma,
     »Der Mythos vom absoluten Gedächtnis«, in *Das Buch des
     Vergessens*, Berlin 2012, 209–233.

6   M. Larkin, »Can post-traumatic stress disorder be put on hold?«,
     The Lancet, 354 (1999), 1008.

7   F. Shapiro, »Efficacy of the eye movement desensitization
     procedure in the treatment of traumatic memories«, *Journal of
     Traumatic Stress*, 2 (1989), 199–223.

8   Siehe für eine Erörterung der angeführten Erklärungen:
     D. Draaisma, »Über das Verdrängen«, in *Das Buch des Vergessens*,
     Berlin 2012, 198–202.

9   R. W. Günter & G. E. Bodner, »How eye movements affect
     unpleasant memories: support for a working memory account«,
     Behaviour Research and Therapy, 46 (2008), 913–931.

10   I. M. Engelhard, S. L. van Uijen & M. A. van den Hout, »The
     impact of taxing working memory on negative and positive
     memories«, *European Journal of Psychotraumatology*, 1 (2010),
     5623.

11   M. L. van Etten & S. Taylor, »Comparative efficacy of treatments
     for post-traumatic stress disorder: a meta-analysis«, *Clinical
     Psychology and Psychotherapy*, 5 (1998), 126–144.

12   J. T. Mitchell, »When disaster strikes ... The critical incident

stress debriefing process«, *Journal of Emergency Medical Services*, 13 (1983), 11, 49–52.

13   Lehrer, »Forgetting«, 87.

14   L. Nurmi, »The sinking of the Estonia: the effect of critical incident stress debriefing on rescuers«, *International Journal of Emergency Mental Health*, 1 (1999), 23–32.

15   I. V. E. Carlier, J. J. van Uchelen, R. D. Lamberts & B. P. R. Gersons, »Disaster-related posttraumatic stress in police officers: a field study of the impact of debriefing«, *Stress Medicine*, 14 (1998), 143–148.

16   A. B. Adler et al., »A group randomized trial of critical incident stress debriefing provided to U. S. peacekeepers«, *Journal of Traumatic Stress*, 21 (2008), 3, 253–263.

17   Lehrer, »Forgetting pill«, 88.

18   G. J. Devilly, R. Gist & P. Cotton, »Ready! Fire! Aim! The status of psychological debriefing and therapeutic interventions: in the work place and after disasters«, *Review of General Psychology*, 10 (2006), 4, 318–345.

19   R. Brown & J. Kulik, »Flashbulb memories«, *Cognition*, 5 (1977), 73–99.

20   R. E. O'Carroll et al., »Stimulation of the noradrenergic system enhances and blockade reduces memory for emotional material in man«, *Psychological Medicine*, 29 (1999), 1083–1088.

21   R. K. Pitman et al., »Pilot study of secondary prevention of posttraumatic stress disorder with propranolol«, *Biological Psychiatry*, 51 (2002), 189–192.

22   G. Vaiva et al., »Immediate treatment with propranolol decreases posttraumatic stress disorder two months after trauma«, *Biological Psychiatry*, 54 (2003), 947–949.

23   H. A. Lechner, L. R. Squire & J. H. Byrne, »100 Years of consolidation – remembering Müller and Pilzecker«, *Learning & Memory*, 6 (1999), 77–87.

24   E. Pastalkova et al., »Storage of spatial information by the maintenance mechanism of LTP«, *Science*, 313 (2006), 1141–1144.

25   K. Nader, G. E. Schafe & J. E. LeDoux, »Fear memories require protein synthesis in the amygdala for reconsolidation after retrieval«, *Nature*, 406 (2000), 722–726.

26 A. Brunet et al., »Effect of post-retrieval propranolol on physio-
    logic responding during subsequent script-driven traumatic
    imagery in post-traumatic stress disorder«, *Journal of Psychiatric
    Research*, 42 (2008), 503–506.

27 Adler, »Erasing«, 59.

28 President's Council on Bioethics, *Beyond therapy: biotechnology and
    the pursuit of happiness*, Washington 2003.

29 Council, »Beyond therapy«, 225.

30 Council, »Beyond therapy«, 227.

31 Council, »Beyond therapy«, 229.

32 M. Henry, J. R. Fishman & S. J. Youngner, »Propranolol and the
    prevention of post-traumatic stress disorder: is it wrong to erase
    the »sting« of bad memories?«, *The American Journal of Bioethics*,
    7 (2007), 9, 12–20.

33 A. J. Kolber, »Therapeutic forgetting: the legal and ethical impli-
    cations of memory dampening«, *Vanderbilt Law Review*, 59 (2006),
    5, 1561–1626.

34 Kolber, »Therapeutic forgetting«, 1583.

35 Kolber, »Therapeutic forgetting«, 1594.

36 Kolber, »Therapeutic forgetting«, 1594.

37 W. Shakespeare, *Macbeth*, London 1607, hier zitiert aus der
    Übersetzung von Dorothea Tieck, *Gesammelte Werke in drei Bänden*,
    dritter Band, *Tragödien*, Sigbert Mohn Verlag, Gütersloh. Text im
    Projekt Gutenberg, http://gutenberg.spiegel.de/buch/macbeth-
    2182/1.

38 Council, »Beyond therapy«, 228.

39 Council, »Beyond therapy«, 227.

40 Kolber, »Therapeutic forgetting«, 1594.

41 T. Dehue, *Betere mensen. Over gezondheid als keuze en koopwaar*,
    Amsterdam 2014.

42 J. R. Cadwallader, »Forgetting suffering: rape, law and pharma-
    cological innovation«, noch nicht erschienen.

43 Henry et al., »Propranolol«, 18.

44 E. J. Newman et al., »Attitudes about memory dampening drugs
    depend on context and country«, *Applied Cognitive Psychology*,
    25 (2011), 675–681.

45 H. M. Zinzow et al., »Prevalence and risk of psychiatric disorders

as a function of variant rape histories: results from a national survey of women«, *Social Psychiatry and Psychiatric Epidemiology*, 47 (2012), 893–902.

Der Rashomon-Effekt

1   A. Kurosawa, *Rashomon*, 1950. Das Drehbuch geht auf zwei Geschichten von Ryunosuke Akutagawa zurück: »Rashomon« (1915) und »Im Gebüsch« (1922). Beide erschienen in R. Akutagawa, *Rashomon*, Amsterdam/Antwerpen 2007.

2   J. Mintz et al., »Patient's, therapist's and observer's views of psychotherapy: a ›Rashomon‹ experience or a reasonable consensus?«, *British Journal of Medical Psychology*, 46 (1973), 83–89.

3   Es gibt noch kein definitives Urteil: Nach der Revision hat der Hoge Raad im Dezember 2013 dem Gerichtshof von Den Bosch auferlegt, den Fall neu aufzurollen. Siehe: www.rechtspraak.nl (»Nijmeegse scooterzaak«).

4   U. Chandra, »*Rashomon* revisited. Contending narratives on a gang rape in West Bengal«, *Economic and Political Weekly*, 49 (2014), 17, 15–17.

5   K. G. Heider, »The Rashomon effect: When ethnografers disagree«, *American Anthropologist*, 90 (1988), 1, 73–81.

6   Brief vom 13. Januar 1988. Zitiert in W. Hazeu, *Marten Toonder. Biografie*, Amsterdam 2012, 15.

7   R. L. Spitzer et al., »Supervising intake diagnosis. A psychiatric »Rashomon««, *Archives of General Psychiatry*, 39 (1982), 1299–1305.

8   A. Kurosawa, *Something like an autobiography*, New York 1983, 183.

9   M. Kundera, *Die Unsterblichkeit* (aus dem Tschechischen von Susanna Roth), Frankfurt 1992, 376.

10 Kundera, *Unsterblichkeit*, 379.

11 B. L. Frederickson & D. Kahneman, »Duration neglect in retrospective evaluations of affective episodes«, *Journal of Personality and Social Psychology*, 65 (1993), 1, 45–55.

12 D. A. Redelmeier & D. Kahneman, »Patients' memories of painful medical treatments: real-time and retrospective evaluations of two minimally invasive procedures«, *Pain*, 66 (1996), 3–8.

13 D. A. Redelmeier, J. Katz & D. Kahneman, »Memories of colonoscopy: a randomized trial«, *Pain*, 104 (2003), 187–194.

14 C. J. Baines, T. To & C. Wall, »Women's attitudes to screening after participation in the National Breast Screening Study«, *Cancer*, 65 (1990), 1663–1669.

15 C. A. Schreiber & D. Kahneman, »Determinants of the remembered utility of aversive sounds«, *Journal of Experimental Psychology: General*, 129 (2000), 27–42.

16 Frederickson & Kahneman, »Duration«.

17 E. Diener, D. Wirtz & S. Oishi, »End effects of rated life quality: the James Dean effect«, *Psychological Science*, 12 (2001), 2, 124–128.

18 D. Kahneman, *Schnelles Denken, langsames Denken* (aus dem amerikanischen Englisch von Thorsten Schmidt), München, 2014, 268 und 465 ff.

19 B. R. Josephson, J. A. Singer & P. Salovey, »Mood regulation and memory: repairing sad moods with happy memories«, *Cognition and Emotion*, 10 (1996), 437–444.

20 J. Joorman, M. Siemer & I. H. Gotlib, »Mood regulation in depression: differential effects of distraction and recall of happy memories on sad mood«, *Journal of Abnormal Psychology*, 116 (2007), 3, 484–490.

21 M. Toonder, *Autobiografie*, Amsterdam 2010, 11.

22 Lutz, *Marten*, 102.

23 Lutz, *Marten*, 103.

24 Lutz, *Marten*, 235.

25 Hazeu, *Marten*, 566–567.

26 Kurosawa, *Something*, 188.

Alles, was Sie schon immer
über Ihr Nachtleben wissen wollten

320 S., 22,99 (D)
Aus dem Niederländischen von Verena Kiefer

»Ein weiteres Mal erweist sich Douwe Draaisma
als skeptischer Aufklärer, exzellenter Geschichtenerzähler
und Rechercheur, der mit verblüffenden Erkenntnissen
und Informationen aufwartet.« *Spektrum der Wissenschaft*

»Ein amüsanter Streifzug durch die Traumwelt.«
MDR Figaro

www.galiani.de

Wer den Rätseln der Welt gerne nachspürt,
der darf dieses Buch nicht verpassen!

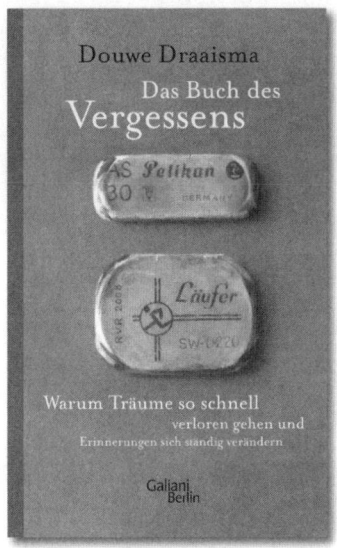

352 S., Euro 19,99 (D)
Aus dem Niederländischen von Verena Kiefer

»Eines der besten und schönsten Bücher über das Gedächtnis überhaupt.« *Psychologie Heute*

»Ein großartiges Sachbuch … voller Neugier und Poesie.« *Deutschlandradio Kultur*

www.galiani.de

»Ohne Menschen gibt es keinen Lärm.
Die Natur kennt nur Geräusche.«

167 S., Euro 16,95 (D)

»Ein elegant geschriebenes Buch, an dem man nicht
vorübergehen sollte.« *FAZ*

»Sieglinde Geisel serviert den Lesern frappierende Einsichten
über das Phänomen Lärm und unsere Sehnsucht nach
Stille.« *Stuttgarter Zeitung*

»Ein Essay, der hellhörig macht.« *Lesart*

www.galiani.de

Über 300 Autoren aus 2500 Jahren
auf der Suche nach dem Rätsel Mensch

Leineneinband, 790 Seiten
mit zahlreichen Fotografien, Euro 85,–

Texte von Autoren aus der ganzen Welt, die Außergewöhnliches erlebten, Tiefes dachten, scharf beobachteten und dabei immer dem Rätsel Mensch auf der Spur waren. Wir begegnen Weisen und Lügnern, Geisteskranken und Fanatikern, Ärzten und Mördern, Komponisten und Soldaten, Onanisten und Kastraten, Eheleuten und Sklaven, Süchtigen und Liebenden.

»Das sprichwörtliche einzige Buch für die einsame Insel, etwas, wovon man tatsächlich ein Leben lang zehren kann.« *Die Zeit*

www.galiani.de